Alfred Wolfensteins Kleine Bibliothek der Weltliteratur

Band 3

Alfred Wolfenstein (Hrsg.)

Rimbaud

Leben – Werk – Briefe

Alfred Wolfensteins Kleine Bibliothek der Weltliteratur
Herausgegeben von Hermann Haarmann

Band 3

BÜCHNER-VERLAG
Wissenschaft und Kultur

Alfred Wolfenstein (Hrsg.)
Rimbaud
Leben – Werk – Briefe
Alfred Wolfensteins Kleine Bibliothek der Weltliteratur, Band 3
Herausgegeben von Hermann Haarmann

ISBN (Print) 978-3-96317-147-5
ISBN (ePDF) 978-3-96317-662-3

Bildnachweis Umschlag: Fonds Rimbaud – Réseau des médiathèques communautaires Ardenne Métropole
Layout, Satz, Bildredaktion, Umschlaggestaltung: DeinSatz Marburg | lf
Korrektorat: Dagmar Walach
Druck und Bindung: Totem.com.pl, Inowrocław, Polen

FSC www.fsc.org
MIX
Papier aus verantwortungsvollen Quellen
FSC® C083411

Bibliografische Informationen der Deutschen Nationalbibliothek
Die Deutsche Nationalbibliothek verzeichnet diese Publikation in der Deutschen Nationalbibliografie, detaillierte bibliografische Angaben sind im Internet über http://dnb.de abrufbar.

www.buechner-verlag.de

Inhalt

Hermann Haarmann

Vorbemerkung

Dass Alfred Wolfenstein, der deutsche Expressionist und Sprachschöpfer, sich Ende der 1920er Jahre als Übersetzer Arthur Rimbaud (1854–1891) zuwendet, scheint wenig verwunderlich. Rimbaud kann aufgrund seines exaltierten Lebens und Werks als Vorbild eines radikalen Künstlertums gelten, das auch für Generationen nach ihm große, nein: allergrößte Anziehungskraft hat. Es ist die Unbedingtheit, mit der sich der Siebzehnjährige aus Charleville in die moderne französische Literatur katapultierte. Er sprengt alle ästhetischen Konventionen durch seine Wortgewalt und ungewöhnlichen Bilderwelten. Und das tut er mit einer Rücksichtslosigkeit, die ihresgleichen sucht. Schöpferische Wurzeln dieses neuen Künstlertums sind neben der individuellen Einbildungskraft eine absolut subjektive Eingebung, die die vorgegebene Welt zu »illuminieren« vermag, sowie distanziert, sensibel und wach reagierende Sinnesorgane, welche die Flucht in bloße Transzendenz verhindern. Träume, Fantasien und Visionen finden gleichwohl Eingang in eine bedeutungsschwangere Poesie.

Die sprachliche Virtuosität Rimbauds eröffnet der Literatur neue Horizonte, die viele – besonders die deutschen Expressionisten – in ihren Bann schlägt. Da steht Wolfenstein nicht allein. Vor ihm hat schon ein weiterer, nicht weniger bedeutender Expressionist sich der Figur Rimbauds angenommen mit einer szenischen Ballade *Das trunkene Schiff*. Paul Zech übersetzt die Sprengkraft der Rimbaud'schen Lebens- und Werkchronik in ein expressives Drama über die Gefährdung einer Künstlerseele, deren reales Leben in keinster Weise der ästhetischen Schonungslosigkeit irgend nachsteht. Seine homoerotische Liaison mit dem älteren, angesehenen Literaten Paul Verlaine ist der schlagende Beleg. Nicht weniger die Aufkündigung seines Literatendaseins, um als Abenteurer, Waffenhändler, Kriegsgewinnler und Kaufmann in der Welt sich herumzutreiben. Als Schwerkranker kehrt er zum Ende seiner Tage in den Schoß der Familie, in die Arme seiner Schwester Isabelle zurück. Er stirbt in einem Marseiller Krankenhaus. Es ist der große Berliner Regisseur Erwin Piscator, der sich dieses Dramas annimmt. In der Berliner Volksbühne inszeniert er 1926 ganz im Sinne seiner experimentellen Theaterästhetik mit Drehscheibe, Filmleinwand und Bildprojektionen. Die Kritiken sind durchwachsen. Die *Monatsschrift für Literatur* erkennt immerhin des Dichters und Regisseurs Ansatz der szenischen Gestaltung: »Ein Menschenleben als Protest gegen das Leben der Menschen.«

Und damit ist der Mensch und vor allem der Literat Rimbaud treffend charakterisiert. Der ästhetischen Revolte, der »tragische[n] Rebellion des Menschen der großen Anlage gegen die Unvollkommenheit der Welt«[1], wie Alfred Wolfenstein schreibt, wohnt von Beginn an immer auch das Moment persönlicher Selbstgefährdung inne. Nicht zufällig findet Rimbauds Ruf als Dichtergenie und Anti-Poet deshalb seine spätere Beschreibung in Charles Baudelaires *Les Poètes Maudits*. Als Rimbaud mit kaum zwanzig Jahren sich aller weiteren literarischen Produktion versagt, hinterlässt er ein Werk, das die alte Ordnung ästhetischer Empfindungsnormen und -formate vollständig zerstört hat. Rimbaud versucht, »sein eigener Schöpfer zu werden, und diesen Versuch mit seinem berühmten ›Ich ist ein Anderer‹ definiert, da zögert er nicht, eine radikale Umwandlung in seinem Denken vorzunehmen. Er betreibt die systematische Ausschweifung aller seiner Sinne, er durchbricht diese angebliche Natur, die ihm seine bürgerliche Herkunft mitgab und die nichts anderes als Gewohnheit ist. Er spielt keine Komödie, er bemüht sich, wahrhaft außerordentliche Gedanken und Gefühle hervorzubringen.«[2]

1 Siehe vorliegender Band, S. 71.
Anmerkung zu Fußnoten in dieser Ausgabe: Die mit Sternchen markierten Fußnoten wurden als Anmerkungen von Alfred Wolfenstein aus der Erstausgabe von 1930 übernommen. Vermerke in nummerierten Fußnoten wurden im Zuge dieser Neuausgabe eingefügt.

2 Jean-Paul Sartre: Baudelaire. Ein Essay. Mit einem Vorwort von Michel Leiris. Deutsch von Beate Möhring. Neu herausgegeben und mit einem Nachwort von Dolf Oehler. (Jean-Paul Sartre. Gesammelte Werke in Einzelausgaben. In Zusammenarbeit mit dem Autor herausgegeben von Traugott König. Schriften zur Literatur Band 2), Reinbek bei Hamburg 1978. S. 97.

Hier nimmt der Mythos Rimbaud seinen Ausgang. Selbstbewusst schirmt der Schriftsteller sein Künstlercredo in den berühmten *Briefen des Sehenden* gegen alle, auch religiöse Deutungsversuche ab, es sei denn, sie zielen ab auf die Befreiung des Unbewussten, Unbekannten und Ungehörten, des Traumes in einer durch Fantasie und ästhetische Selbstbestimmung fundierten Kunst. Das lyrische Ich wird bei Rimbaud zum wahren Ich in der Folge des erlebten Traumas von existentieller Verlassenheit: »Alle Formen der Liebe, des Leidens, des Wahnsinns; er sucht selbst und erschöpft in sich alle Gifte, um nur ihre Quintessenzen zu behalten. Unaussprechliche Marter, in der er jeden Glauben und übermenschliche Stärke nötig hat – er wird unter Allen der große Kranke werden, der große Verbrecher, der große Verdammte – und der höchste Weise! Denn er gelangt bis an das Unbekannte! da er seine schon reiche Seele mehr als irgendeiner ausgebaut hat! Er gelangt bis ans Unbekannte; und wenn er etwa närrisch würde und den Verstand seiner Visionen verlöre, er hat sie gesehen!«[3]

3 Siehe vorliegender Band, S. 249.

Alfred Wolfenstein (Hrsg.)

Rimbaud

Das Leben Rimbauds

Um diese außerordentliche Gestalt Rimbaud darzustellen, bedarf es keiner Übertreibungen. Er ist ein ahasverisches Phänomen, aber wer ihn nicht in seiner eigentlichen und einfachen Seltsamkeit und Natürlichkeit faßt, verkennt ihn. Sein Leben und seine Arbeit sind phantastisch, er ist dennoch kein Phantast, sondern ein rücksichtsloser Vorläufer der Wahrheit unter den Dichtern und nichts weniger als die früher übliche Art des Genies. Es geht hier nicht um Romantik.

Ich versuche, den Lebenslauf eines sehr männlichen und sehr geistigen Menschen zu erzählen, der sein Werk binnen dreier Jahre, im Alter von fünfzehn bis achtzehn, dichtete; dann fast zwanzig Jahre in Schweigen versank und handelte; und, mit siebenunddreißig, ein Jahr lang in höllischen Qualen schrie und starb. Diese Qualen, die zuletzt aus ihm hervorbrachen, waren nicht schärfer – waren nichts anderes als sein Leben. Da keinerlei Gleichmaß in seinem Schicksal ist, da er kein Fach vertritt, weder menschlich noch beruflich, da wir ihn weder zum reinen Künstler noch zum Abenteurer oder zum Kaufmann, weder zum sozialen

Menschenfreund noch zu einem Teufel oder zum Seraph mit einem Schuß Satan erklären wollen, werden wir seiner Kennzeichnung die Freiheit bewahren, die er selbst in jedem Augenblick verlangte.

Zugleich soll er im Geiste einer Zusammendrängung vermittelt werden, die seiner in ihrer Wildheit knappen und genauen Erscheinung zukommt. Rimbauds phantasievolle Präzision ist es, die, ähnlich wie Büchners Prosa, den neueren Generationen vorbildlich wurde. Seine Begabung wie seine Willenskraft sind von heute.

Aber er wurde in einer Zwischenepoche geboren. Sein Dasein, ausgehend von einer farblosen Kleinstadt, reichte von der Zeit Napoleons III. und des letzten gewissermaßen alten Krieges, 1870, bis zur Vorzeit der Affäre Dreyfus, sein Dichten endete am Beginn der konservativen Republik unter dem Präsidenten-General Mac Mahon, nach dem Untergang der Kommune. Gegen die Öde seiner Welt – und gegen alldas, was sich in seinem unheimlichen Wort ansammelt: »Es ist die Zeit der MÖRDER!« – suchte er mit allen Mitteln aufzukommen, mit Kunst, Politik, Abenteurerei, Handel, mit seinem Leben, das von den Schriften nicht zu trennen ist, obwohl er selbst für Trennung war. Seine Verse sind sein Atem, seine Bewegungen in der Wirklichkeit sind seine Rhythmen im Werk: Form und Former sind hier eins –: Aber daß sie nicht eins blieben, bedeutet erst recht Revolution, Erschaffung eines neuen Typs der Künstlerpersönlichkeit.

Rimbaud gehört zu den Dichtern, deren Buch beides enthalten muß: die Werke und die Taten.

***

Jean-Arthur Rimbaud: geboren am 20. Oktober 1854. Sein Geburtsort Charleville, schon umgeben vom flämischen Sprachgebiet, ist eine durch Tuchindustrie emporgekommene Schwesterstadt des alten ummauerten Mézières, das einstmals der Ritter Bayard verteidigte. Es liegt nicht weit vom belgischen Charleroi mit seinem Heer modernster Fabrikschlote. Es ist die schwatzhafte Provinzstadt, in die Rimbaud ein dutzendmal aus der Welt zurückkehrte. Die Maas kommt durch die Ardennen und umströmt Charleville: in einer flußreichen Gegend, mit Oise, Sambre, Aisne, mußte sich seine Kindheit abspielen.

Sein Vater war Offizier, stand in verschiedenen Garnisonen, auch in Afrika, trennte sich als ein zur Einsamkeit geneigter, unscheinbarer Mann von der Familie und starb früh, ohne Zusammenhang mit seinen Kindern. Die Mutter Rimbauds wandte ihre bäuerische Herrschsucht und Liebe allein ihren zwei Söhnen und zwei Töchtern zu. Um die übrigen Mitbewohner der Stadt kümmerte sie sich wenig. Als letzte Erinnerung des Sechsjährigen an die offenbar etwas infantilen Zwiste zwischen den Eltern berichtet sein Schulfreund Delahaye die kleine Anekdote: wie der Kapitän Rimbaud eine silberne Schale in ungeheurer Wut auf den Boden schleudert und sie wieder an ihren Platz stellt; wie die Mutter mit derselben Wucht und derselben Sorgfalt dasselbe tut; und wie Arthur sich kaum bezähmen kann, gleichfalls die zornige Musik aus dem zerbeulten Gefäß herauszuholen. Ein allgemeiner Eigensinn prägte sich bei jedem Mitglied der Familie aus, Arthur behielt eine zerfurchte Stirn von dem dauernden Trotz, den er der Mutter entgegenzusetzen hatte. Solch ein Zuhause war hemmend genug; trostlose Sonntage. Im Gedicht »Die siebenjährigen Poeten« schildert er, wie er sich durch den Anblick von Bildern in illustrierten Zeitschriften aus den bleiernen Wänden hinaushalf, in weite Savannen, zu schönen Italienerinnen, kurz in die Freiheit. Die Mutter war fromm und schickte die Kinder ohne Ausnahme zur Kirche. Sie war ehrgeizig und hielt die Söhne streng zum Lernen an. Der älteste brachte es später, nach dem Militärdienst, bis zum Schaffner in Paris. Wie weit brachte es Arthur, in ihrem Sinne?

Er war in der Schule ein wahrer Kaspar Hauser des frühen und leichten Erfassens aller Dinge. Dabei braucht man seinem Biographen Berrichon nicht einmal zu glauben, daß er schon gleich nach seiner Geburt die Augen auffallend offen gehabt habe und in einem unbewachten Augenblick lächelnd auf die Tür zugekrochen sei. Im Collège erfüllte er die Erwartungen der Mutter desto lieber, weil er ihre häusliche Tyrannei gewissermaßen ausglich, wenn er in der Klasse der Erste, der Herrscher war. So sicherte sich Rimbaud zu allen Zeiten einen Ausweg in die Überlegenheit, wo Schwächlinge nur ein Gefängnis an Stelle des anderen gesehen hätten. Seine Fähigkeiten breiteten sich auf alles aus, Sprachen, Mathematik, Geschichte, Technik. Dabei wurde stets rebelliert. Als die Mutter die Anschaffung eines Klaviers verweigerte, schnitt er Tasten in den Eßtisch und übte darauf den Fingersatz; einer seiner ebenso komischen wie praktischen Streiche; und den Religionslehrer mußte er vor allem über die etwas widerspruchsvolle Tatsache der Religionskriege befragen. In den oberen Klassen hatte er das Glück eines besonders begabten Lehrers, des Professors Izambard, der selbst erst zwanzig Jahre alt war. Später hat sich dieser ausgezeichnete Mann dagegen gewehrt, daß der Aufrührer in Rimbaud etwa von ihm großgezogen worden sei; er habe mit ihm niemals über Politik gesprochen. Aber wenn man seinem Schüler Schriftsteller empfiehlt wie Aristophanes und Juvenal, Rousseau, Helvetius, Proudhon, Louis Blanc und Stirner, von den früheren Dichtern Rabelais und Villon, von den neueren Shelley und Victor Hugo: so wird ein junger Mensch von fünfzehn Jahren auf dem Wege über Geist und Kunst nicht schlechter revolutioniert werden als durch politische Unterhaltungen. Izambard und Rimbaud standen einander schon durchaus in der Art wechselseitiger Erziehung nahe, wie sich in der freien Schule von heute Lehrer und Schüler als gute Kameraden betrachten und behandeln.

Im Juli 1870 erhielt er den Ersten Preis für die meisterhaften lateinischen Verse, in die er Sancho Pansas Ansprache an seinen Esel umgearbeitet hatte. Draußen aber wurde der Krieg erklärt. Gleichzeitig mit seinem Schultriumph verkündete man den Sieg der französischen Truppen bei Saarbrücken. Ein höhnisches Gedicht Rimbauds, in dem er Napoleon den Kleinen alles in Rosa sehen läßt, gibt Auskunft über seine Stellung zu Kaiser und Krieg. Sein älterer Bruder hatte sich freiwillig zum Heeresdienst gemeldet. Aber auch Arthur verschwand bald danach, gelegentlich eines Spaziergangs über die Wiese zwischen Charleville und Mézières, vier Tage vor der Schlacht bei Sedan. Unter dem Datum eines Augusttages finden wir noch ein Spottgedicht auf die Militärmusik, die am Bahnhofplatz spielt, auf die muffigen Bürger, die nach wie vor ihre Tageskasse überschlagen, auf die von den Posaunen erregten Pioupious, die die kleinen Kinder streicheln, um den Kindermädchen zu gefallen, und Arthur läuft dazwischen herum, in zerlumptem Anzug, er malt sich die hübschen Körper unter den Kleidern aus. Aber in den Ohren hatte er schon das Getöse der Zeit. So fuhr er nach Paris. Dort verhaftete man ihn ungesäumt, obwohl er nicht wie ein Spion aussah sondern eher wie ein Stromer aus dem Zuge stürzte. Einen Monat lang hielt man ihn daheim noch strenger fest als zuvor. Dann machte er sich wieder davon und ging zu Fuß nach Charleroi. In der Redaktion der dortigen Hauptzeitung, wo er seine Mitarbeit anbot, wurde er zu seinem Erstaunen abgewiesen. Er wanderte nach Brüssel, dann durch zahllose Dörfer, von Ort zu Ort verfolgt von seinem Lehrer Izambard, auf Bitten der Mutter, bei der Arthur endlich von selbst, das heißt halb verhungert, wieder eintraf. Aber das Gymnasium war jetzt Lazarett. Nichts zu tun. Die Deutschen rückten im November an. Man setzte Mézières in Verteidigungszustand, die großen Linden des Liebeswäldchens wurden abgehauen. Schulkamerad Delahaye erzählt, wie sie dort müßig und gesprächig entlang schlenderten, bis Rimbaud mit wilder Ruhe bemerkte: »Noch ganz andere alte Bäume müßten jetzt niedergelegt werden, es gibt noch manchen hundertjährigen Schatten, auf dessen liebe Gewohnheit wir nunmehr zu verzichten haben: diese Gesellschaft selber, verstehst du! Geld und Stolz, all das Persönliche wird abgehackt und eingeebnet! Dann kommt die Arbeit aller für alle.« Delahaye meint: »Also soll es gar keine besondere Größe und Kunst mehr geben?« Rimbaud pflückt eine Blume: »Das ist zum Beispiel viel großartiger als der Luxus! Aber du findest wohl die Eitelkeit der Menschen sehr schonungswert?«

Rimbaud-Zeichnung von Ernest Delahaye, in Charleville, 1871

Da alle Wege durch den Krieg abgeschnitten waren, mußte er sich jetzt nach außen hin ruhig verhalten. Es wurde für den sechzehnjährigen Dichter eine der fruchtbarsten Zeiten. Er entwickelte seine Sprache zu der kühnen Mischung neuen Geistes mit neuer Sinnlichkeit, die er später die Alchimie des Wortes nannte. Auch das Studium mengte sich in die Verse und trug Worte der antiken Zeiten und der neuesten Wissenschaften hinein. (Ausdrücke wie ithyphallique, céphalalgie, illuné, hypogastre müssen ihre Fremdwortklänge beisteuern; auch darin ist er Vorbild heutiger Dichtungsarten.) Zugleich schickte er Prosa an ein Ardennenblatt, mit wilden Angriffen sowohl gegen Bismarck wie gegen Napoleon, und widmete andere Gedichte den Armen, den Arbeitern in einer vergewaltigenden Zeit, und den Kindern, die in einem seiner seltenen rührenden Gedichte »Die verstörten Kinder« hungrig in den Bäckerladen hineinstarren.

All diese Zusammendrängungen seines Willens und seiner Triebe, der politische Zorn wie der umstürzlerische Formensinn und der Schwung seiner Natur suchten nach einem neuen Ausbruch in die Wirklichkeit. Diese Wirklichkeit bombardierte ihrerseits Mézières mit sechstausend Granaten, so daß über zwei Drittel von den fünfhundert Häusern zerstört wurden, und Rimbaud bemerkte zu dieser Kanonade und zum Einmarsch der Deutschen: »Die sind übermäßig militarisiert.« Weiter sagte er zu dem getreuen Delahaye: »Die Unterlegenheit der Deutschen besteht darin, daß sie gesiegt haben« (eine Redeweise, die uns aus der Zeit des Weltkriegs bekannt klingt; Charleville war übrigens 1914–1916 Hauptquartier der obersten Heeresleitung).

Jedenfalls ließ er die Einnahme von Paris nicht ungenutzt für die eigene Freiheit und brannte zum dritten Male durch. Es war gefährlich genug; er konnte in diesem Februar 1871 für einen Franctireur gehalten und erschossen werden. Im Walde von Villers-Cotterets traf er eine durch die Nacht galoppierende Schar preußischer Reiter, »Wilde wie er, aber vielleicht noch kindlicher«. Paris fand er nur mit der Neuregelung des Verpflegungswesen beschäftigt, und schon suchte er ohne Geld und Ergebnis wieder sein Charleville auf; aber noch nicht die Schule. Wir erinnern uns an die

Unordnung, die der letzte Krieg in den Lebensgewohnheiten unserer Gymnasiasten anrichtete. Rimbaud teilte seine Mußezeit zwischen dem Aufenthalt in der Bibliothek und in einer von ihm entdeckten Höhle, am nahen Steinbruch. Pfeife rauchend, die Pfeifenöffnung nach unten gedreht, etwa wie die Soldaten im November 1918 ihr Gewehr umkehrten, wandelte er rebellisch an den Schulfenstern vorbei. Eine ungeheure Mähne wuchs aus seinem Haupt bis auf den Rücken. Sie war so lang, daß ihm ein Vorübergehender vier Sous für den Friseur anbot, die Rimbaud entgegennahm und in Tabak anlegte. In seine Höhle aber brachte ihm ein Freund eines Morgens, außer trockenem Brot, die Nachricht von der Ausrufung der Kommune.

In sechs Tagemärschen kam er in Paris an. Sein Herz war längst bei den Kommunisten, und er würde nun auch zum ersten Mal einen regelmäßigen Verdienst haben, denn die Nationalgarde erhielt täglich dreißig Sous. An irgendeine Gruppe Bewaffneter trat er auf der Straße heran und wurde in die Tirailleurs de la Révolution eingestellt, in der Babylon-Kaserne. Er verbrüderte sich, in angesammelter junger Kraft der Erwartung, mit dem dichten Gemisch von Rassen und Klassen, die sich hier aus den Schlachten der französischen und deutschen Heere als eine erste Rote Armee erhoben hatten: Arbeiter, Bauern und Soldaten von den schwarzen Zuaven bis zu den Matrosen der Kriegsflotte. Er selbst erhielt, wie es scheint, weder Waffen noch Uniform. Mit einem befreundeten Infanteristen ging er durch die Straßen, in heftigen Gesprächen über den heiligen Umsturz. Er sah die wachsende Erregung der Aufrührer in den Feuersbrünsten der mit Petroleum begossenen alten Bauten auflodern, er sah die Vendômesäule stürzen, das Symbol aller französischen Siegesüberlieferung. Er sah einmal auch ein junges Mädchen seines Alters auftauchen und wieder verschwinden – eine kleine Geliebte aus Charleville, die ihm offenbar gefolgt war. Er fand sie nie wieder und sorgte sich während der folgenden Woche des Schreckens sehr um sie. Die Regierungstruppen, an der gleichgültig zuschauenden Front der Deutschen vorbei, erstürmten die Hauptstadt in achttägigem Barrikadenkampf. Die gefangenen Revolutionäre verbluteten an der Mauer des Père Lachaise, darunter Rimbauds junger Kamerad. Er selbst konnte am Ende entweichen, vielleicht dank seinem kindlichen Aussehen.

Wie wirkte dies erschütternde und die Zukunft vorwegnehmende soziale Ereignis auf den frühreifen Knaben und Dichter? In einem schillernden Briefe von daheim heißt es: »Ich werde einmal ein Arbeiter sein. Dieser Gedanke hält mich, wenn toller Zorn mich der Schlacht von Paris zutreiben will, wo doch noch soviele Arbeiter sterben, während ich Ihnen schreibe! Doch jetzt arbeiten – – nein, nein; ich stehe im Streik!« Seine Biographen teilen sich wie immer in zwei Lager: die einen freuen sich, ihn der Kunst wieder ganz zurückgewonnen zu sehen, indem sie darauf hinweisen, daß das große, in der folgenden Zeit einsetzende Schaffen Rimbauds vollkommen auf die Phantasie gestellt sei. Die anderen berufen sich darauf, daß die revolutionären Erlebnisse, aus deren Tiefe er den Schrei an die Kirchentüren malte: »Mort à Dieu!« – ihm noch im August 1871 den Entwurf zu einer kommunistischen Verfassung eingaben. Die Vergemeinschaftung der Produktionsmittel, die Vereinheitlichung der Arbeitspflicht, die große Sozialisierung wurde darin, mit einem nicht staatsmäßig gerichteten Sozialismus, sehr plastisch dargestellt, der offene politische Markt (Agora) sollte Parlament sein. In Wahrheit ist Rimbaud einfach mit beiden Beinen weitergesprungen, er hat durch die blutige Enttäuschung keins verloren: seine Kunst wird stärkerer Aufruhr: »Die Pariser Orgie oder Paris bevölkert sich wieder«, »Die Armen in der Kirche«. Im selben Monat wie die Verfassung schreibt er das »Trunkene Schiff«, ohne übrigens das Meer gesehen zu haben. Es ist eine der wunderbarsten Dichtungen, die die Menschheit besitzt, und obwohl vollkommene Dichtung, ist es vollkommene Empörung – gegen die langsamen Umformungen der Wirklichkeit. Die alles überflügelnde Vision fährt als Landstreicherin der Unendlichkeit aus der kläglich engen, alten Festung Europa hinaus, wohin?

Zunächst ging er jedenfalls zur Post in Charleville und schickte seine Verse an einen der wenigen von ihm geschätzten Dichter in Paris, an Paul Verlaine. »Venez, chère grande âme!« antwortete dieser unverzüglich und war doch äußerst erstaunt, statt des erwarteten Mannes von mindestens dreißig Jahren einen kaum siebzehnjährigen langen Burschen schon daheim bei sich vorzufinden, den er am Bahnhof nicht erkannt hatte. Im übrigen ist gegenüber der altmodischen Verhimmelung seines Biographen Berrichon nach allen Quellen zu berichten, daß Rimbaud dort keineswegs als ein schöner Engel sondern als ein bäurischer, provinzialen Dialekt sprechender, knochiger Unhold auftauchte; sein Gesicht war von rosig brauner Farbe, sein Benehmen ziemlich scheu, wohl infolge des Unterschiedes zwischen dem entwickelten Geist und dem kräftigen, aber unreifen Körper, der vor Verlaines Augen förmlich noch zu wachsen schien, bis zu 1,80 m. Der Karikaturist Gill nannte ihn wegen seiner Schweigsamkeit und der Abwesenheit aller Manieren: Traueresel. Schön waren die stahlblauen, stolz und etwas grausam lächelnden Augen. Jedenfalls war

Verlaine und Rimbaud (sitzend, von links) im Gemälde von Henri Fantin-Latour, 1872

Verlaine völlig hingerissen, nicht nur von den Versen, über deren Entdeckung er sich freute wie über die Erzeugung eigener, sondern ebensosehr von der Person Rimbauds.

Er lebte mit seiner jungen Frau bereits sehr uneinig; auch Rimbaud zeigte sofort mit seiner natürlichen Schroffheit das Unbehagen, das er in der bürgerlichen Wohnung, bei Verlaines Schwiegereltern, stündlich heftiger empfand. Diesen Stil Louis-Philippe wollte er doch gründlich daheimgelassen haben. Seinen Verdruß benutzte Verlaine, um jetzt das heimlich geliebte Leben auf der Straße und in den Cafés hemmungslos wieder aufzunehmen. Einen solchen Gefährten hatte sich der »Arme Lélian«, der herrliche Lyriker und schwache Mensch, längst gewünscht. Strahlend machte er Arthur mit den großen Leuten bekannt, mit den Akademikern Banville, Gautier, Mallarmé, mit Victor Hugo, der eines seiner großen Worte sprechen mußte: »C'est Shakespeare enfant!« Wenn Rimbaud mitten in den Ausschweifungen einmal wieder verschwand, suchte Verlaine ihn desto eifriger. Er fand ihn etwa am offenen Fenster eines möblierten Zimmers wieder, zur Wut der Nachbarn ganz nackt, weil er sich mit seinen von Ungeziefer und Schmutz starrenden Kleidern, die er Verlaine im Paket hinabwarf, durchaus nicht in das reine Bett legen wolle. Das Bett wurde dann von Unterkunft zu Unterkunft weitergetragen, auch zu jenem gutmütigen Musiker, bei dem er Haschisch rauchen lernte, einem »Jesus-Christus nach drei Monaten Absinth«. Doch schon aus vorhergehender Zeit stammen die Gedichte, die in der Mischung aller

Künste und Sinne den Vers Baudelaires verwirklichen: »Es antworten einander Düfte, Farben, Klänge« –: »Die Läusesucherinnen«, »Vokale«, »Faunskopf«, – und es kommen nun, nach dem fanatischen Kommune-Jahr, die skeptisch schillernden Gedichte der »Erleuchtungen«; »Ewigkeit«; das merkwürdige Nachrevolutionsgedicht »Taumel«; die bisher nicht aufgefundenen »Photographien der vergangenen Zeiten«, zu denen aber vielleicht das hier am Anfang der »Saison in der Hölle« stehende Prosastück zu rechnen ist. Wie in diesem Sommer 1872 Arbeitsamkeit, Verkommenheit, wütende Unruhe und Kerngesundheit, Leben und Lyrik in ihm beisammen wohnten, erkennt man etwa aus einem Briefe vom Juni:

»... Die Hitze ist nicht beständig. Aber man sieht nicht gern, wie das schöne Wetter in Jedermanns Interesse liegt und Jedermann ein Ferkel ist –. Der Sommer tötet mich, wenn er sich offenbart. Ich habe einen Durst, als sollte ich den Pferdekrebs bekommen. Die Ardenner Flüsse und Höhlen, die entbehre ich! Hier allerdings liebe ich auch einen Ort, nämlich wo es zu trinken gibt. Es lebe die Akademie des ›Absomphe‹, trotz der Böswilligkeit der Kellner! Es gibt keine so feine wehende Bekleidung wie die Betrunkenheit vermöge dieser Gletschersalbei, dieses Absomphe. Danach allerdings – nieder in den Dreck! ... Jetzt arbeite ich nachts, von Mitternacht bis ganz früh. Unter meinem engen Fenster stehen gewaltige Bäume. Um drei Uhr morgens wird mein Licht blaß. Mit einemmal schreien alle Vögel im Garten los. Dann ist es vorbei, keine Arbeit mehr, ich muß die Bäume und den Himmel ansehen, diese unbeschreibliche Stunde ergreift mich. Die Schlafsäle in der Schule drüben liegen tot. Von den Boulevards her kann ich schon die starken schönen Geräusche der ratternden Wagen hören. Ich rauche meine Pfeife aus, ich spucke auf die Dächer, denn ich habe eine Mansardenstube. Um fünf gehe ich hinunter, Brot einzukaufen. Überall sind die Arbeiter auf dem Marsch. Jetzt ist es so weit, daß ich mich in der Weinschenke besaufen muß. Wenn ich wieder daheim bin, esse ich und lege mich um sieben Uhr morgens hin, wenn die Sonne die Asseln unter den Dachziegeln hervorlockt. Die erste Frühe im Sommer und die Dezemberabende, das ist für mich das schönste.«

Glücklich ist er auch in dieser Zeit nicht, obwohl er wegen seines Genies gefeiert wird. Er beginnt, trotzig gegen die Anerkennung und unzufrieden mit seinen Versen, die diamantene Prosa der »Erleuchtungen« zu schreiben, im Bewußtsein, daß Niemand sie verstehen wird. Er beginnt Paris zu hassen. Mag er selbst so verkommen sein wie er will, die Zivilisation, die hier völlig glatt wieder auflebt, als lägen nicht die Massengräber der Gefallenen außerhalb und innerhalb der Mauern, stachelte ihn auf, und nicht zuletzt die Eitelkeit der literarischen Prominenz. Der Trott des Ruhms und der Clique, dies war ja nicht größer als Charleville, nachbarliches Bürgertum; und Verlaines Frau (fast würde er sagen: Verlaine) erwartete ein Kind. Eines Tages im Juli stellte sich Rimbaud vor ihn hin und sagte, er gehe. »Da folgte ich ihm selbstverständlich«, erzählte Verlaine später.

Zwei Landstreicher; aber wie verschieden! Rimbauds Vagabundentum ist keine Sentimentalität, keine Zigeunerei, auch keine Sünde oder Flucht wie bei dem andern. Es ist im Gegenteil der vorwärtsgetriebene Übergang zur härtesten Wirklichkeit. Verlaine ist weich und ihm ganz verfallen und wird am Ende dieser Fahrt ins Ungewisse katholisch werden. Rimbaud wird ein Arbeiter. Er wird sich mit einem mächtigen Ruck von der Literatur lossagen, indessen Verlaine daraus neue routiniertere Lyrik schöpft. Seine Abhängigkeit von dem zehn Jahre jüngeren männlichen Rimbaud steigt und sinkt unterwegs ins Groteske. »Eine Saison in der Hölle« schildert diesen Zustand mit wüstem Humor als Liebe einer wahnsinnigen Jungfrau zu ihrem höllischen Gemahl. Daß bei Verlaine homoerotische Neigungen im Spiel waren, ist offenbar. Aber ich halte es für ebenso sicher, daß Rimbaud sie in keiner Weise erwiderte. Der Arme Lélian, der Frau und Kind verlassen hatte, brauchte einen Ersatz für diese Zärtlichkeiten. Er liebte Männer, liebte Arthur und erhoffte jetzt vom Leben, was er in seinem Buche »Parallèlements« nur noch dichtete: »Le roman de vivre à deux hommes.« Er deutete später an, daß er Erfolge gehabt habe und sah sich auch gern in diesem Licht. Der Titel eines hingebungsvollen Gedichtes in »Jadis et Naguère« lautet: »Verse, um verleumdet zu werden.« Verlaine, mit der aufgestülpten Nase, den gehöhlten Augen, den aufgerichteten Brauen, dem Bart über den hervorspringenden Backenknochen, Gesicht eines Katers, betrachtete den Weg über die Literatur als ganz gangbar zur Vermehrung auch des erotischen Ruhmes. Rimbaud dagegen –: Von seinen beiden gegnerischen Biographen Berrichon und Coulon verteidigt der erste, sein späterer Schwager, die Familienehre gegen einen solchen Verdacht, und es gelingt ihm, an den betreffenden Stellen in Verlaines Gedichten jedesmal das Wort »keusch« zu finden. Coulon auf der anderen Seite verweist auf Rimbauds überall hervortretenden Antifeminismus. Dieser hängt freilich wie das ganze Wesen seines Schaffens mit dem knabenhaft stolzen und in seiner Verschlossenheit fruchtbaren Zustand der Pubertät zusammen. Aber: wenn man in seinem Werk eine homoerotische Anspielung suchen will – so wird man keine finden, und dies ist entscheidend. Denn in seiner Dichtung ist er keineswegs verschlossen. Hier spricht er mit sturer Offenheit alles aus, selbst die anscheinend mittelbaren Äußerungen enthalten jeden Zug seiner Natur; kein Ton läßt eine mannmännliche Anlage erraten. Er liebt überhaupt nicht gern. Die Herrschaft über den anderen, sie genügt ihm.

So marschierten die beiden hervorragenden Dichter durch das Ardennengebirge, in recht balladesker Stimmung, wenn auch »La bonne Chanson« und der »Chant de guerre Parisien« von vornherein nicht ganz zusammenklangen. Da sie wenig Geld besaßen, wurden die Spelunken, in denen sie speisten, tranken und schliefen, von Gegend zu Gegend schlechter. Das hinderte sie nicht an allerhand spöttischen Streichen gegen Behörden oder gegen einander. Sie gingen durch den Schlotenwald des südlichen Belgien nach Brüssel. Aber Rimbauds Ziel war England. Umsonst traf die verlassene Frau Verlaines ein und versuchte Paul zurückzuhalten. Der höllische Gemahl Arthur war stärker. Im September 1872 berührte er zum ersten Male das Meer, sie fuhren von Ostende nach London.

Mit dem Betreten dieser Stadt waren sie in Wirklichkeit bereits getrennt. Zwar zogen sie mitsammen durch die Quartiere des Elends und der Verkommenheit oder durch die Buntheit des Hafens. Aber sie sahen die riesige Stadt mit verschiedenen Augen. Verlaine verstand es auch

Verlaine und Rimbaud in London, Zeichnung von Félix Régamey, 1872

in London, die Schlaffheit seiner Pariser Lokale wiederzufinden, nur daß hier Ale, Gin, Whisky zu den früher gewohnten Getränken hinzukamen. Rimbaud beobachtete im leprösen Schmutz von Whitechapel und im Glanz und Geräusch der City die Rücksichtslosigkeit und Macht englischer Weltherrschaft. Was bedeutete dagegen die Kleinlichkeit der französischen Politik oder gar der Literatur? Zwar vollendete er hier noch seine »Illuminations« (und Verlaine seine »Romances sans paroles«). Aber er richtete den Blick schon auf die kühle Praxis, auf dies politische und wirtschaftliche System Englands, das wenig Worte und viel Geld machte. Während er sich als französischer Sprachlehrer zu ernähren suchte, lernte er selbst Englisch. In der Zeit einer solchen unaufhaltsamen Wendung brachte ihm das Leben mit Verlaine, den der inzwischen ausgebrochene Scheidungskrieg mit seiner Frau zermürbte, nur unnütze Aufregungen. Es war gewiß ein Vorwand, daß er wegen eines in Paris liegenden, seither nicht aufgefundenen Manuskripts »La chasse spirituelle« Ende 1872 wieder London verließ.

Er tauchte in Roche auf, dem im Kriege einigermaßen verwüsteten Landsitz seiner Familie. Dort begann er, auf dem Hofe hockend, inmitten von Ruinen und Unkraut, fieberhaft, mager, bleich von diesem unerträglichen Zwischenzustand, eine besondere Art Autobiographie zu schreiben, die »Saison in der Hölle«, die er auch gern das Buch eines Heiden oder ein Negerbuch genannt hätte. Inzwischen saß Verlaine tieftraurig im fremden London;

die kommunistischen Flüchtlinge, mit denen sie verkehrt hatten, waren wohl auch nicht mehr da. Mit inständigen Bitten rief er bald seine Frau, bald seine Mutter, bald den Freund zu Hilfe. Rimbaud kehrte nach England zurück: Begeisterte Begrüßung durch Verlaine und gereizte Kampfstimmung auf der anderen Seite. Rimbaud verliebte sich damals in eine »seltene, ja einzigartige Londonerin«. Die Stimmung des Armen Lélian aber verdüsterte sich bis zu persönlichen Bedrohungen, wenn es auch zunächst nur ein Hering war, den er dem anderen Dichter bei einem trunkenen Streit ins Gesicht warf. Plötzlich reiste Verlaine nach Brüssel ab. Rimbaud folgte. Was sich dort abspielte, wollen wir nach dem Protokoll des vernehmenden Beamten dokumentarisch wiedergeben:

12. Juli 1873. Der Zeuge Rimbaud, Arthur: »Ich lernte Verlaine vor ungefähr zwei Jahren in Paris kennen. Voriges Jahr schlug er mir wegen der Unstimmigkeiten mit seiner Frau und deren Familie vor, gemeinsam ins Ausland zu gehen. Wir würden uns so oder so durchschlagen, denn ich besitze kein persönliches Vermögen, und er lebt nur vom Ertrag seiner Arbeit und kleinen Zuschüssen seiner Mutter. Auf zwei Monate kamen wir nach Brüssel, aber da hier nichts zu machen war, fuhren wir nach London. Wir lebten beständig zusammen, in denselben Unterkünften, wir teilten alles. Anfang der vorigen Woche hatte ich ihm Vorwürfe gemacht, und zwar wegen seiner Untätigkeit und gewisser Handlungen gegenüber einigen unserer Bekannten. Darauf verließ er mich, ohne jede Äußerung, und ich

erhielt einen Brief mit der Überschrift ›Auf dem Meer‹, des Inhalts: daß er sich binnen dreier Tage umbringen würde, wenn seine Frau sich nicht mit ihm träfe. Ich schrieb ihm entsprechend seiner Aufforderung, postlagernd, er solle doch nach London zurückkehren oder mich nach Brüssel kommen lassen. Denn ich wünschte eine neue Einigung zwischen uns, es gab keinen Grund zur Trennung. (*Anmerkung:* Hier ist Rimbaud nicht ganz genau: er hatte kein Geld und wollte mit Verlaine nach Haus fahren.)

Bei meiner Ankunft fand ich seine Mutter bei ihm. Er hatte gar keine bestimmten Pläne. Bald gedachte er, mich nach Paris zu begleiten, um dort, wie er sagte, über seine Frau und die Schwiegereltern Gericht abzuhalten; bald war er wieder für London, weil Paris allzu traurige Erinnerungen in ihm erwecke. Seine Aufregung war außerordentlich groß. Jedenfalls sollte ich bei ihm bleiben, darauf bestand er, und er schwankte dabei nur zwischen Wut und Verzweiflung, ohne irgendwelche folgerichtigen Gedanken zu fassen. Am Mittwoch abend trank er maßlos und war berauscht. Donnerstag früh ging er um sechs Uhr aus und kam erst gegen Mittag wieder, und zwar von neuem betrunken. Er zeigte mir eine Pistole, die er sich gekauft habe. Auf meine Frage, was er damit anfangen wolle, erwiderte er scherzhaft: ›Das ist für dich, für mich, für alle.‹ Er war ganz überspannt.

Während wir auf unserem Zimmer beisammen weilten, ging er noch mehrmals hinunter, Schnäpse trinken. Dazwischen versuchte er immer wieder, mich von der Rückkehr nach Paris abzubringen. Ich blieb unerschütterlich.

Ich verlangte sogar Geld von seiner Mutter, um diese Reise machen zu können. Mit einem Mal verschloß er die Türe zum Treppenflur und setzte sich auf einen Stuhl davor. Ich stand an der Zimmerwand gegenüber. Er schrie: ›Das ist für dich, weil du abfährst!‹ oder ähnlich, richtete die Pistole auf mich und gab einen Schuß ab, der mich am linken Handgelenk traf. Es folgte sofort ein zweiter Schuß, aber diesmal war die Waffe nicht auf mich gerichtet sondern zum Fußboden gesenkt.

Verlaine geriet gleich danach in die tiefste Verzweiflung über seine Tat. Er rannte in das Zimmer seiner Mutter nebenan und warf sich aufs Bett. Er benahm sich wie wahnsinnig, drückte mir die Pistole in die Hand und wollte mich zwingen, sie in seine Schläfe abzuschießen. Das Geschehene reute ihn ganz offenbar. Gegen fünf Uhr abends brachte er mich mit der Mutter ins Hospital St. Jean, um mich verbinden zu lassen. Dort sollte ich bis zur völligen Heilung bleiben oder bei ihnen im Hotel, unter ihrer eigenen Pflege. Da mir die Wunde gering erschien, antwortete ich mit dem festen Entschluß, noch am selben Abend nach Charleville zu meiner Mutter zu reisen.

Diese Mitteilung brachte Verlaine wieder zur Raserei. Seine Mutter gab mir zwanzig Francs für die Fahrt, und beide begleiteten mich zum Südbahnhof. Unterwegs war er ganz außer sich, er tat alles, um mich zurückzuhalten, und hatte dabei die eine Hand stets in der Tasche, bei der Pistole. Auf der Place Rouppe lief er ein paar Schritte voraus, kam dann zurück, auf mich zu. Seine Haltung ließ einen neuen Überfall befürchten, daher machte ich mich diesmal unverzüglich davon und ersuchte einen Polizisten um die Verhaftung des Verlaine.

Die Kugel in meiner Hand ist noch nicht entfernt. Nach der Äußerung des Arztes kann dies erst in zwei bis drei Tagen geschehen.«

Weiteres Verhör. Der Beamte: »Kennen Sie den Grund der Zwistigkeiten zwischen Verlaine und seiner Frau?« Rimbaud: »Verlaine wollte nicht, daß seine Frau weiter bei ihrem Vater wohnte.« Der Beamte: »Fühlte sie sich nicht auch durch Ihre Intimität mit Verlaine beschwert?« Rimbaud: »Ja, sie beschuldigte uns sogar unsittlicher Beziehungen. Aber ich mache mir nicht einmal die Mühe, derartige Verleumdungen zu entkräften.«

Das Protokoll dieser Tragikomödie zeigt die ruhige Nüchternheit des Abenteurers Rimbaud angesichts der mörderischen Schüsse des Lyrikers Verlaine, die zweifellos keine häßlichere Handlung waren als die Auslieferung des traurigen Attentäters an die Polizei, durch den Freund. Aber Rimbaud war auf dem Wege zu einer anderen Welt. Er befreite sich infolge richtiger Ausnutzung dieses Angriffs von einem überlebten Verhältnis. – Man verurteilte Verlaine zu der Höchststrafe, zu zwei Jahren Gefängnis.

Wieder pendelte Rimbaud heimwärts, in den kleinen Weiler Roche, nach Claudels Beschreibung eine Gegend mit mageren Äckern, legendarisch großen Wäldern rings um die Horizonte und der mit Wasserrosen gefüllten langsamen Aisne. Dort beendete er die »Saison in der Hölle«, –

und dort warf er sie eines Abends ins Ofenfeuer. In sonderbarer Umkehrung der Rollen hatte seine Mutter bei diesem Werk geglaubt, nun könne ihr Sohn sich vom Schreiben erhalten, und hatte die Kosten der Drucklegung des Buches getragen. Er warf es ins Feuer. Nur wenige Exemplare waren zufällig schon versandt worden. Aber man kann sagen: nicht einmal die Tatsache, daß es auf diese Weise erhalten blieb, schmerzte ihn. So fertig war er mit der Literatur. Und er schrieb kein gedichtetes Wort mehr.

Denn lächerlich, widerlich erschienen ihm jetzt die Verse und die Prosa. Gibt es kein sinnvolleres Wirken und Leben als die Kunst? Die Alchimie des Wortes war ausgeschöpft. Hinweg von den Worten, zu den Sprachen! Und es geht nicht mehr um Charleville oder Paris sondern um Kontinente. Während Verlaine, in Mons eingesperrt, sich langsam zum christlich Gläubigen wandelte, begann Rimbaud seinen Zug durch die Länder noch einmal in London, wo er seinen Unterhalt als Arbeiter in einer Kistenfabrik verdiente. Jetzt lernte er vollkommen Englisch sprechen, wie er später in vier Monaten Deutsch lernte, auf schnellen Fahrten Italienisch, Spanisch, Holländisch, ferner Russisch und Neugriechisch, und zuletzt mehrere Dialekte des Arabischen so gut wie Englisch (er nannte es sein Sprachenfieber, eine in Frankreich seltenere Anlage, ebenso wie sein Weltfahrertum).

Im nächsten Jahre ging er nach Deutschland, nach Stuttgart, und bewohnte dort »ein freundliches Zimmer« in der Marienstraße, als Hauslehrer bei einem Dr. Wagner. (Verleitet durch die Inschrift, die er einer Zeichnung in einem seiner Briefe beifügte: »Wagner verdammt in Ewigkeit«, hat man aus ihm einen Feind der Bayreuther Musikentwicklung gemacht; aber d i e s e Ähnlichkeit mit Nietzsche stimmt nicht.) Noch einmal tritt hier die Vergangenheit kindlich lächelnd bei ihm ein: Verlaine, soeben aus dem Gefängnis entlassen, kommt nach Württemberg gefahren, und zwar in einem grotesk rührenden Aufzuge, nämlich in den alten Bohêmekleidern, um Rimbaud so recht an die gemütliche Zeit von ehemals zu erinnern. So stand der zum Katholiken konvertierte Verlaine vor dem kaltblütigen, rastlosen, zum entschlossenen Arbeiter und Praktiker sich wandelnden Rimbaud, der Ewige Lyriker vor dem Ewigen Juden, mit überströmenden Erzählungen von seiner Bekehrung. Der andere hörte zu und schleppte ihn von Kneipe zu Kneipe, gleichfalls wie in alten Zeiten, nur daß er jetzt nüchtern blieb. Allmählich wurde die Auseinandersetzung lebhafter, sie verdichtete sich an den Ufern des Neckars zu einem gehörigen Faustkampf. Und die Literatur, endgültig verprügelt in der Person des Armen Lélian, blieb in dieser Stuttgarter Winternacht am Boden liegen.

Für Rimbaud war dies tragikomische Wiedersehen der letzte Anstoß, um das Gewohnte in allen seinen Formen abzuschütteln, mochte es Literatur, Politik, alte Kameraderia oder dies ganze alte Europa sein. Er wünschte sich aus dem Norden und aus der Mitte des Erdteils weg in die heißere Welt, in den Süden, wo mit der Arbeit von Kopf und Hand auch das Blut in Feuer gesetzt wird. Die Zeit seiner unsteten Wanderung begann, der »Mensch mit den Windsohlen« verließ Deutschland, jetzt zwanzig Jahre alt, mit dem Ziel Naxos, wohin er an eine Seifenfabrik empfohlen war. Zu Fuß ging er durch die Schweiz, über den Gotthard, nach Mailand. Den todmüden Unbekannten nahm dort eine hübsche Signora liebevoll auf, wie Verlaine in posthumer Eifersucht erzählt. Es war aber eine alte Dame, die ihn mütterlich pflegte. Er lernte in diesem Monat Italienisch. Dann weiter zu Fuß, und zwar in solchem Tempo und der Hitze so rücksichtslos preisgegeben, daß er in Livorno vom Sonnenstich getroffen zusammenbrach. Mit Hilfe des Konsuls konnte er zurückfahren; nach Marseille. Hier ernährte er sich durch gröbste Verrichtungen, er machte es seinem Körper nicht mehr so leicht wie früher in Paris, wo er auf den Boulevards Zeitungen oder Sicherheitsringe für Hausschlüssel verkauft hatte. Im Vieux Port lud er tausend Wagen ab, er schleppte mit den Negern und Kulis in diesem vielfarbigen Hafen schwere Warenballen auf die Schiffe, ließ sich eines Tages von einem spanischen Werber für die Karlistenarmee einschreiben, war aber plötzlich wieder in Charleville, in seiner Stube, übrigens mit kahlrasiertem Kopf. In weiter fiebernder Lust, endlich den Orient zu erreichen, überwinterte er daheim. Um neue fremde Sprachen zu lernen, schloß er sich oft in einem ungeheuren eichenen Schrank ein, bis zu vierundzwanzig Stunden, ohne zu essen und zu trinken. Er, den jede Wissenschaft anzog, hatte zwar sein Schulexamen nicht gemacht, aber er war »bereit zu allen Prüfungen«.

Er sagte seiner Mutter, daß er in die russische Industrie einzutreten beabsichtige, und fuhr nach Wien, wo ihm nach wenigen Tagen ein Fiakerkutscher, mit dem er gezecht hatte, sein Geld wegnahm. Von der Polizei nach Deutschland ausgewiesen, dort weiter von Bundesstaat zu Bundesstaat spediert, ging er durch Belgien, obwohl auch hier noch der Ausweisungsbefehl vom Brüsseler Attentat her in Kraft war. In Holland, wohin er sich als Landwirtschaftsarbeiter durchschlug, begegnete er wieder einem Werber, diesmal für die Kolonialtruppen in Niederländisch-Indien. Gegen ein Handgeld von dreihundert Gulden verpflichtete er sich zum Dienst für sechs Jahre. Es war ihm mit dem Militärdienst so wenig ernst wie mit dem früheren Versuch, Missionar zu werden. Es ging nur um das eine Ziel: Morgenland. Nach sechswöchiger Überfahrt, entlang an vielen im Traum erschauten exotischen Küsten, kam er auf Java an. Selbstverständlich zog dies banale holländische Batavia ungesäumt seinen Zorn auf sich, aber er roch schon die wunderbare ungezügelte Flora rings um die Stadt. Ruhelos ging er durch die Kaserne, in blauer Uniform mit gelben Litzen. Als man seine Truppe auf das in den Bergen gelegene Salatiga, in der Mitte der Insel, versetzte, als die Wut über die allenthalben gleiche Schinderei durch die Unteroffiziere zu der rechten Höhe gestiegen war, gerade weil sie sich vor allem gegen die Eingeborenen richtete, desertierte er. Wochenlang verbarg er sich vor den Verfolgern im Busch, in den Gärten, in den verlassenen Hütten. Man braucht sich seinen Aufenthalt im Urwalde nicht wie seine Biographen so vorzustellen, als hätte er damals den Orang-Utans die Methoden abgelernt, sich vor Tigern und Schlangen zu schützen. Aber er wird die Gelegenheit nicht versäumt haben, sich mit der ersehnten tropischen Landschaft, mit Urtieren und Urpflanzen zu befreunden. Und er liebte die farbigen Menschen, er hatte jede Mißhandlung eines Malaien durch einen Weißen wie eine eigene empfunden, die Eingeborenen werden ihm dank dieser spürbaren Zuneigung auf der Flucht ebenso herzlich geholfen haben, wie er sich mit ihnen zu verständigen wußte. Alles glückte, in Batavia entging er der Militärgewalt, die inzwischen seine zurückgelassenen Sachen für anderthalb Gulden verkauft hatte, und er ließ sich von einem englischen Schiff mit Zuckerladung aufnehmen, nach einer Angabe als Kriegsberichterstatter, nach einer anderen als Matrose. Jedenfalls half er der Mannschaft während der sehr stürmischen Überfahrt. Als St. Helena in Sicht kam, hatte der Deserteur und Antimilitarist eine jener Anwandlungen, bei denen keine logische Verbindung mit seiner jeweiligen Lage und seiner grundsätzlichen Weltanschauung zu erkennen ist. Er verlangte nämlich, daß man an der Insel Napoleons lande. Auf die Weigerung des Kapitäns warf er sich ins Meer, um hinüberzuschwimmen, und konnte nur mit Mühe gerettet und wieder an Bord gebracht werden. Dann endete auch dieses tropische Jahr 1876 mit seiner Ankunft in Charleville genau am 31. Dezember.

Einige Zeit später begab er sich nach Holland, trotz des Haftbefehls wegen Fahnenflucht. An der deutschen Grenze verschaffte er sich allerhand Arbeit auf Grund seiner Sprachenkenntnisse, verlor seinen Verdienst wieder in Hamburg beim Spiel. Da er sich schon auf alle möglichen Geldsorten der Welt verstand, ließ er sich zunächst als Kassierer bei dem Wanderzirkus Loisset anstellen, dem damaligen Barnum. Statt in den Orient mußte er mit dem Zirkus in den hohen Norden gehen, nach Kopenhagen, und fuhr auf eigene Faust weiter bis Stockholm. Der Konsul beförderte ihn wieder auf Staatskosten nach Frankreich zurück. Das ist schon eher die passende Richtung: nach Süden, nach Süden! Über Marseille schiffte er sich nach Alexandria ein. Doch von Fieber befallen, wurde er in Italien wieder an Land gesetzt. Sobald er konnte, schleppte er sich nach Rom. Und dann, wieder von dem kleinen Sprungbrett Charleville aus, schnellte er sich bis nach Zypern ab, über die Vogesen und den Gotthard, den er diesmal im Winter überstieg.

Im Haupthafen Larnaca erhielt er seine erste Anstellung bei der Firma Tial & Co.: als Aufseher der Steinbrüche am Meeresufer. Dort lebte er »in einem Chaos von Felsen, es gibt nur ein einziges Haus, keine Gärten, keinen Humus, nicht einen Baum, zahllose Mücken. 50 Grad Hitze; das ist der Winter. Alle Europäer außer mir sind krank.« Er hatte die Sprengungen zu bestimmen, die Blöcke für die Verfrachtung auszuwählen, das Pulver und die Nahrungsmittel zu verteilen, die Leute zu überwachen und auszuzahlen, sechzig Zyprioten, bestehend aus »Griechen, Syrern, Arabern, Maltesern und einem Popen«. Er beherrschte dies

Gemisch durch seine Begabung für Sprachen. Als ihm eines Tages die Kasse geplündert wurde, erhielt er das Geld durch eine kameradschaftliche Ansprache zurück. Seine Selbstzucht wird jetzt ebenso scharf wie seine Leidenschaftlichkeit, durch die Erkenntnis, daß man arbeiten müsse, um leben zu können, und daß die Wahl der Arbeitsstelle nicht freistehe. Der Rimbaud dieser Periode warf keinen Blick mehr zur Kuppe der Insel empor, wo sich die herrlichen Türme der gotischen Kathedrale von Famagusta erhoben. Die Kunst! Seine Augen glühen von den blendenden Spiegelungen des Meeres, seine Kehle glüht von der staubigen Luft und den Zurufen an seine Leute, er ist ein Werkmeister mit hundertfünfzig Francs im Monat. Als er, wie die anderen, vom Typhus befallen wurde, reiste er mit sehr guten Zeugnissen der Firma über seine Zuverlässigkeit und seinen angestrengten Eifer nach Haus zurück.

Sein Freund Delahaye erkannte ihn kaum wieder, »der frische Fleischton wie bei einem englischen Kinde hatte sich ins kabylisch Dunkle verwandelt, die Wangen waren gehärtet, aus seiner Stimme klang statt einer gewissen infantilen Nervosität Festigkeit, Willenskraft«. Aber die heraufziehende Kälte, der Wind des Argonner Waldes, der Nebel des Aisnetales waren für ihn kaum noch zu ertragen. Stundenlang hockte er zwischen den Schafen im warmen Stall. Dann fuhr er zum zweiten Male nach Zypern und wurde Oberaufseher beim Bau des Palastes für den Generalgouverneur, auf dem 2100 m hohen Troodos, wo die dünne Luft die Lungen und das Herz sehr mitnahm. Ein Streit mit dem Ingenieur machte dieser Stellung wieder ein Ende, er ging mit vierhundert Francs als seinen ersten Ersparnissen nach Ägypten. Unterwegs suchte er unermüdlich nach neuer Arbeit, in Djedda, Souakim, Massaua, Hodeida, in allen Häfen des Roten Meeres, berührte zum ersten Mal Abessinien, wollte nach Sansibar fahren und langte krank in Aden an. Er beschreibt »diesen entsetzlichen Felsen« in seinen Briefen, alles glüht steinern über dem blinkenden Metall der unten hervorstarrenden englischen Kanonen. Nicht weit von diesem Ort denkt sich der Islam den Eingang zur Hölle.

In Aden wurde Arthur Rimbaud Einkäufer des Hauses Viannay, Mazeran, Bardey und Cie. Er war bald auf dem laufenden über den Handel mit den einschlägigen Waren, Kaffee, Gummi, Weihrauch, Straußenfedern, Elfenbein, Leder, Gewürz aller Art. Herr Bardey schätzte seinen Fleiß und seine Gewandtheit so sehr, daß er ihn als Leiter der neuen Filiale des Hauses nach dem großen südäthiopischen Handelsplatz Harar schickte, mit dreihundertdreißig Francs Monatsgehalt, Prozenten auf den Umsatz und Vergütung der Spesen. 1880 machte er sich zum ersten Mal auf diesen Weg, den er in den nächsten zehn Jahren immer wieder zurückzulegen hatte, durch den Golf von Aden hinüber zum afrikanischen Hafen Zeilah, dann in vierzehntägigem Karawanenritt nach Harar. Seine Briefe enthalten kein romantisierendes Wort über die Reise. Aber das Gefühl ungeheurer Einsamkeit, das sich in seinen Klagen über die Eintönigkeit des Daseins bald immer heftiger äußern wird, muß sich auf diesem gefährlichen und trostlosen Marsch durch die Wüste endgültig bei ihm durchgesetzt haben. Es ist ein totes, einst vulkanisches Land, spärliche Buschsiedlungen werden von den kriegerischen Somalis bewohnt, es ist reich an wilden Tieren und jähen Sandstürmen und steigt langsam bis zu 3000 m Höhe an. Mit einem Mal begleiten blühende Akazienwälder, baumgroße Farrenkräuter und Begonien die Karawane; ihre Leute, Lasten und Kamele können in den Höhlungen zwischen den Wurzeln riesenhafter Sykomoren übernachten, und endlich ist die Stadt da, die Grenzstadt zwischen zahlreichen äthiopischen Stämmen, unter denen die Gallas und Ogaden sich hervortun. Ein alter ehemaliger Unteroffizier des französischen Heeres empfängt Rimbaud und übergibt ihm die Agentur.

Er begann den Handel in Verbindung mit den kleinen regelmäßigen Märkten der Eingeborenen, die Frauen brachten vor allem Kaffee und Moschus. Kaum hatte er den Betrieb eingerichtet, da hielt er sich nicht mehr im Büro auf, in dieser Siedlung mit Straßen, sogar mit einer ägyptischen Garnison, deren Uniform und Halbsauberkeit ihn ärgerte. Er ritt auf die Plantagen und dehnte den Umkreis seiner Handelsverbindungen trotz erheblicher Gefahren binnen weniger Monate soweit aus, daß sein Chef in einem Briefe darüber schreibt: »Rimbaud ist unermüdlich, durch Energie und Takt versteht er die Eingeborenen zu gewinnen, er spricht auch die seltenen Dialekte, das Amharina und Oroma. Seine Gewandtheit, seine Geduld, sein

Mut reihen ihn unter die vollendeten Agenten ein. Der Leiter einer anderen Expedition Sacconi ist vor kurzem getötet worden. Unser Beauftragter Sottiro wurde gefangen genommen und nur durch Rimbauds Vorgehen befreit.« Zugleich stellte er geographische Forschungen an, die von der europäischen Fachpresse bald mit Aufmerksamkeit verfolgt wurden. Er entdeckte das wichtige Plateau von Boubassa, verfaßte in restlos sachlicher Sprache einen großen Bericht über die Ogaden und fand eine Anzahl neuer Wege in diesem noch unerschlossenen Gebiet. Kein Wort will mehr den Poeten verraten, es sei denn, daß sich ein Hauch seiner Prosa an zufälligen Stellen meldet, wie in dem Satze: »In kurzen Wegstrecken ziehen die Karawanen zum Salzsee hinunter, auf Straßen, die an die geahnte Schauerlichkeit von Mondlandschaften erinnern.«

Inzwischen erwartete er ungeduldig die in Frankreich bestellten Sachen, einen photographischen Apparat, einen Theodolit für Höhenmessung, ein Teleskop usw. bis zu einer mineralogischen Mustersammlung von dreihundert Stücken; ferner die zahllosen Bücher über praktische Gebiete, die der einstige Schwärmer für Baudelaires Fleurs du Mal jetzt in seinen Briefen verlangt: über Topographie, Geodäsie, Meteorologie, Telegraphie, Hydraulik, industrielle Chemie, Schiffsbau, Bergbau, landwirtschaftliche Maschinen, Brunnenbohrung; ferner eine Liste von Handbüchern: Der Zimmermann, Der Schreiner, Der Schlosser, Der Metallgießer, Der Lohgerber, Der Stellmacher, Der Anstreicher, Der Kerzenzieher, Der Töpfer, Der Glaser. Aber es kam nur ein Teil der Apparate und Werke, obwohl er Geld genug nach Haus geschickt hatte. Seine Mutter gab den Bestellungsbrief nicht weiter, sie beurteilte diese Literatur wohl nicht anders als die frühere und legte die Beträge für ihn daheim nutzbringend an, während er ohnmächtig in der Ferne, in der Wüste wartete, erstickend in einer unheimlichen, aus dem Grau dieser Welt aufwachsenden Langenweile.

Er streckt immer wieder die Arme darüber hinaus, zur Hebung des Geschäfts. Sicherlich wollte er zugleich das Muster eines mit Geist zweckmäßig aufgebauten Unternehmens hinstellen und sicherlich wollte er auch den Eingeborenen durch seine Tätigkeit Neues bringen. Aber wenn er sich die Wahrheit sagte (und dies geschah in jedem Augenblick), verrann doch seine Kraft im Sande. Das Gefühl dieser Nutzlosigkeit, dazu der Ausbruch der ägyptischen Unabhängigkeitsbewegung, endlich Zwistigkeiten mit seiner Firma veranlaßten ihn, nach zwei Jahren nach Aden zurückzugehen. Dort hätte er eine größere Arbeit über seine äthiopischen Erfahrungen für die Société de Géographie ausführen können, wenn man ihm daheim für die übersandten zweitausendfünfhundert Francs die nötigen Instrumente zur Herstellung von Karten besorgt hätte. Aber seine Mutter hatte dafür Land gekauft, europäischer Grundbesitz ist wichtiger als unbekanntes Afrika. Da ihm das Geld fehlte, mußte er auch den Plan von Elefantenjagden an den großen Seen fallen lassen. Zurück also, nach Harar, übrigens mit weit höherem Gehalt. Wir finden jetzt in seinen Briefen den Wunsch (da ihn jeder Wunsch anfiel), eine Familie zu gründen, einen Sohn zu haben. Aber Europa ist wiederum zu kalt, er würde krank werden. Ist er in Afrika gesund? Sein Aussehen in dieser Zeit wird nach einer »tragischen Photographie« so beschrieben: Mit nackten Füßen und geschorenem Haar steht er in einem weißen Anzug zwischen sandigem Gebüsch und verdorrten Lianen am Ufer eines Wasserlaufs; das gebräunte Gesicht macht trotz der athletischen Gestalt den Eindruck schwerer Müdigkeit; die Augen sind eingesunken, die Lippen geschwollen, die hohe Stirn runzelt sich, die Wangen sind hohl wie ein ausgetrocknetes Becken; man könnte sagen, ein Sträfling. Unter welcher Strafe leidet er? Die Langeweile, die Öde, die Ferne gehen ins Ungeheure.

Die Geschäfte verringerten sich. Infolge des zwischen Ägypten und Abessinien entstandenen Krieges hatte die Firma große Verluste. Vom Sudan her drohte die Erhebung des Mahdi. Rimbaud mußte erneut Pendelfahrten nach Aden machen, – sollte er weiter nach Indien gehen, nach Tonking oder zum Panamakanal? Ganz gleich, er wollte endlich einen größeren Schlag führen, eine lohnende Summe verdienen, seinen Willen an ein schwereres Unternehmen setzen. Nordostafrika war in Aufruhr, Menelik von Schoa brauchte Waffen für seinen Kampf um Abessinien. Waffen? Ausbeutung eines Krieges? Beladung des Trunkenen Schiffs mit zweitausend Gewehren, sechzigtausend Remingtonpatronen? Wenn man seinen unlängst entdeckten Bericht über diese Expedition in der Zeitschrift Bosphore égyptien liest, erkennt man den ungeheuerlichen und ganz unsnobistischen Zustand seiner Gleichgültigkeit. Es ging ihm um das Handelsunternehmen und um den Verdienst, zugleich um die Befreiung aus dem Angestelltenverhältnis, er wollte nicht länger »Millionär nur an Flöhen« bleiben. Wohl ist sein Bericht ein dokumentarischer Beitrag über die Anfänge Meneliks, den Krieg mit Ägypten, die diplomatischen Kämpfe mit den inneren Gegnern und mit allen um das Rote Meer streitenden europäischen Mächten. Doch man spürt jedem Worte an, es brauchte nicht geschrieben zu werden; zwischen den Worten steht ein viel beredteres Schweigen. Der Ratgeber Meneliks, der Züricher Ilg, beschreibt Rimbaud nach dessen Eintreffen als einen völlig stummen Menschen, der keine Gesellschaft suchte. Dies schließt nicht aus, daß er beim Volk sehr beliebt und geachtet war; und sein Andenken soll in Abessinien noch jetzt lebendig sein. Doch es lag nicht in seinem Plan.

Im Dezember 1885 verließ er die Adener Firma und begann im afrikanischen Hafen Tadjura seine Karawane zusammenzustellen. Er hoffte auf einen Gewinn von zunächst dreißigtausend Francs. Trotz endloser Schwierigkeiten, auch von Seiten einer sich bildenden »Schwarzen Bande«, hatte er nach wenigen Monaten die Waren, die Kamele, die Begleitmannschaft beisammen; der Wert der Karawane belief sich auf zweihundertfünfundachtzigtausend Francs. Rimbaud brach auf, obwohl seine beiden Teilhaber plötzlich starben. Sechs Monate dauerte der Zug unter außerordentlichen Mühen und Gefahren durch zahllose feindselige Gebiete bis zur Hauptstadt Ankober. Menelik empfing ihn erst in dem noch weiterliegenden Antotto, mit dem Pomp »erbeuteter ägyptischer Trompeten und Kruppscher Kanonen« und betrog ihn um seinen Gewinn. »Es trat eine Bande falscher Gläubiger meines verstorbenen Sozius auf, an der Spitze der Kaiser Selbst, und sie stahlen mir dreitausend Thalaris. Für den Rest gab mir Menelik einen Schoaner Wechsel« (einzulösen in Harar durch den berühmten Minister Ras Makonnen). Mit Mühe rettete Rimbaud das hineingesteckte Geld. So endete seine erste große Karawane; seine Nachfolger auf diesem durch ihn erschlossenen Wege waren glücklicher.

Zur Erholung ging er auf kurze Zeit nach Kairo. Das Haar des Zweiunddreißigjährigen ist grau geworden. Er fühlt sein Leben bedroht. Aber er denkt an China oder Japan als Länder neuer Arbeit oder an Arabien, wo man in großem Stile die Einfuhr von Eselhengsten zur Zucht syrischer Maultiere für Afrika betreiben könnte. Über vierzigtausend Francs Gold im Gewicht von zwanzig Kilogramm trägt er beständig im Gürtel mit sich herum. Seltsam, in solchen Augenblicken einen Brief von einem Pariser Literaten zu bekommen: »... Sie wissen wahrscheinlich nicht, bei so weiter Entfernung, daß Sie in einem engen Pariser Kreise eine Art legendarischer Gestalt geworden sind. Man hat Ihren Tod gemeldet, aber einige Getreue warten stets auf Ihre Rückkehr. In den Zeitschriften des Quartier latin und sogar in Buchform hat man inzwischen Ihre ersten Versuche in Vers und Prosa erscheinen lassen ...« Andere sagten von ihm, er sei entweder tot oder toll oder Fürst einer wüsten Insel.

Rimbaud hatte Kairo und die Nähe des Mittelländischen Meeres sehr bald satt, aber auch die Abhängigkeit von Aden. Er gründete nunmehr in Harar eine selbständige Niederlassung. Sie blühte bald auf, zugleich mit dem Aufstieg Meneliks vom Vasallen des Negus Johannes zum Souverän Abessiniens. Harar wurde Handelsmittelpunkt des neuen Staates und Garnison von viertausend sehr schmutzig herumlaufenden Soldaten mit zweitausend Sklaven. Vom Mai 1887 ab arbeitete Rimbaud in wahrem Hetztempo an der Ausdehnung dieser seiner Faktorei. Er arbeitete, – und er lebte zum ersten Mal wieder mit einer Frau, einer Abessinierin. Es sei angeführt, was die Wirtschafterin seines früheren Chefs Bardey darüber schreibt: »Ich ging fast jeden Sonntag nach dem Mittagessen zu Herrn Rimbaud, aber ich wunderte mich, daß er mir den Besuch überhaupt gestattete. Denn ich war wohl die einzige Europäerin, die er empfing. Er sprach wenig. Mir schien, daß er zu der Frau sehr gut war. Er wollte sie unterrichten lassen und sagte mir, er würde sie auf einige Zeit zu den Missionsschwestern, zum Pater Franziskus geben. Er wolle sich verheiraten, sagte er, weil er in Abessinien wohnen wolle, und nach Frankreich kehre er nur zurück, wenn er ein großes Vermögen erworben habe, sonst niemals mehr … Die farbige Frau war sehr sanft. Leider sprach sie so wenig Französisch, daß wir kaum miteinander plaudern konnten. Sie war groß, sehr schlank; eine hübsche Gestalt und regelmäßige Züge; nicht zu schwarz. Sie war Katholikin; an ihren Namen erinnere ich mich nicht mehr. Eine Zeit lang hatte sie ihre Schwester bei sich. Sie ging nur am Abend aus, mit Herrn Rimbaud. Dann trug sie europäische Kleidung, aber ihre Wohnung war ganz nach Art des Landes eingerichtet. Sie rauchte gern Zigaretten.«

Rimbaud befand sich zweifellos auf dem Wege zum Reichtum. Seine Arbeitswut stieg auf ihren Gipfel, Waren aller Art gingen durch die Faktorei. Man unterhielt auch besonderen Tauschverkehr mit dem Süden: Zucker, Reis, Schmuck, Baumwollstoffe, Seidenstoffe gegen Kaffee, Gummi, Moschus, Straußenfedern, Rhinozeroshäute, Gold, Elfenbein. Er ritt Tag und Nacht herum, er schrieb im Büro, er griff überall mit eigenen Händen zu, bis zur Vernagelung der Kisten und Verschnürung der Ballen auf dem Hofe. Seine Majestät korrespondierte mit ihm unter dem Siegel: »Er hat gesiegt, der Löwe vom Stamme Juda. Menelik II., Erwählter des Herrn, König der Könige Äthiopiens, richtet an Dich Seinen Gruß.« Dies war der siegreiche Negus, – dem Arthur Rimbaud neue Karawanen aufstellte und zusandte, mit riesigen Lasten von Gewehren und Patronen sowie mit Maschinen zur Herstellung von Gewehren und Patronen, vom Hafen Zeilah aus, nachdem ihm der französische Minister Felix Faure die Einfuhr durch französisches Gebiet verboten hatte. Im Jahre 1896 wird der glanzvolle Nachkomme Salomos, Menelik, seine Erzbereitschaft, sein reichlich herbeigeschafftes militärisches Material verwenden, um die Italiener vollkommen zu schlagen. Wir sind im Jahre 1891, und der afrikanische Waffenhändler Rimbaud, der Händler gleichgültig womit, arbeitet unter wilden Strapazen und steigert seine kühnen und rechnerischen Pläne, gleichgültig wohin.

Im Februar verspürte er einen Schmerz am rechten Knie. Eine Geschwulst bildete sich und wuchs sehr rasch. Das Bein schwoll an und wurde steif. Binnen kurzer Frist konnte er sich nur noch mühsam herumschleppen, konnte nicht mehr schlafen, kaum noch essen. Er schonte sich trotzdem nicht und setzte unter maßlosen Schmerzen seine nächsten Unternehmungen fort, er leitete sie vom Bett aus. Aber die Krankheit besserte sich nicht, indem er über sie hinwegging. Er mußte sich entscheiden und sich von seinen Geschäften trennen, nach Aden reisen, zum Arzt. Man zimmerte ihm eine Tragbahre mit Vorhang. Von sechzehn Eingeborenen getragen, machte er sich auf den entsetzlichen Marsch zur Küste. Der Abstieg von den Höhen hinab wurde besonders schlimm, die Leute glitten aus, die Bahre war oft nahe daran, wie ein Schiff zu kentern. Rimbaud versuchte es mit dem Maulesel, aber das wagerecht ausgestreckte, am Nacken des Tieres befestigte Bein verursachte unerträgliche Qualen. Wirbelwinde ermüdeten die Träger, ihre vielfältige Unzufriedenheit erschöpfte den Kranken. Sie setzten die Sänfte so roh auf, daß er ihnen zur Strafe den Lohn verkürzte; aber dies wurde nur zur Strafe für ihn selbst. Wenig wahrscheinlich ist es, daß die Eingeborenen »in Tränen über das Martyrium des immer so gütigen Herrn an seinem Leidenswege niederknieten«. Er wird dies nicht mehr geduldet haben, er dachte an seine verlassenen Unternehmungen, Wut und Verfinsterung erfüllten ihn, während er die dreihundert Kilometer bis zum Meer in vierzehn Tagen zurücklegte. Dann wurde er in der Bahre an Bord des Dampfers gehißt, mußte drüben in Aden noch drei Tage warten, bis er ins Hospital aufgenommen wurde, schon zum Skelett abgemagert. Da der Arzt die als gefährlich erkannte Gelenkentzündung, Synovitis, nicht zu bessern vermochte, ließ er sich sofort auf ein Schiff nach Frankreich bringen. Er überstand die Fahrt, mit gemartertem Rücken hilflos auf seiner Matratze schwankend, durch das Rote Meer hindurch, durch das Mittelländische Meer, vorbei an den Städten, wo er Arbeit gesucht und Geld verdient hatte, bis er zu frieren begann: Europa nahte, Marseille, Hôpital de la Conception: Amputation.

Wir lesen in seinen Schriften, was er einst über seine Wiederkunft zu sagen hatte: »Ich werde zurückkehren mit Gliedern aus Eisen, dunkler Haut, wildem Auge: Aus meiner Maske wird man auf eine starke Rasse schließen. Ich werde Gold haben, ich werde müßig und gewalttätig sein. Die Frauen schätzen solche unsicheren Wilden, die aus heißen Ländern wiederkommen. Ich werde in die Politik gezogen werden. Gerettet.« Und wir lesen nunmehr in seinen Briefen, was er über seine Erkrankung, Verkrüppelung, Vernichtung zu sagen hat. Éternel fileur, der Weltlandstreicher, der Bewegungssüchtige, kann nicht mehr gehen. Was ist er nun? Als Poet, als Vagant, als Agent war er stets und vor allem ein Mensch mit Füßen. Wo ist ein humpelnder Takt bei ihm zu finden! Allerdings, von einer Stelle aus wird er noch anerkannt, der Hohn des Staates kümmert sich noch um den Einbeinigen: – Die Militärbehörde erweist ihm die Ehre, ihn zu verfolgen, er soll sich zum Militärdienst stellen. Es wirkt nur wie ein Stein in dem drohenden Mosaik des Wahnsinns.

Ein angeblicher Arthur Rimbaud weint Tag und Nacht. Er schleppt sich am Morgen auf Krücken, dann auf dem lackierten Holzbein durch das Krankenhaus, ja mit unwahrscheinlicher Aufraffung schleppt er sich durch ganz Frankreich. Er läßt sich plötzlich in den Zug nach der Heimat bringen und sinkt in Roche nach mehr als zehnjähriger Abwesenheit in die Arme der Mutter und der Schwester; als er die alte Stube seiner Jugend betritt, sagt er: »Hier ist ja Versailles!« Aber das hat alles keinen Sinn, im Norden ist er auch jetzt nicht daheim, er zittert vor Kälte, nachts erschreckt ihn ein ungewohntes, übrigens auch für die Gegend ungewöhnlich hartes Hagelwetter, das den Garten verwüstet. Am Tage Regen und Nebel, das Getreide erfriert in diesem Sommer. Manchmal läßt er sich an Orte der Erinnerung fahren, unter die sonntäglichen Leute. Oder er erzählt zu Haus Erinnerungen an Asien und Afrika, bei herabgelassenen Rolläden, brennenden Lichtern, Klängen einer kleinen Drehorgel, mit seltsam schön gewordener Stimme und Sprache, mit Worten des Orients zwischen Worten des Okzidents. Er dachte sogar an eine Heirat, ein Mädchen aus dem Waisenhaus würde er nehmen oder eine edle Abessinierin. Aber der Stumpf seines Beins schwoll an.

Das Blut war offenbar vollkommen vergiftet, der Schenkel zu kurz abgeschnitten. Halluzinationen nahmen überhand, zumal da er auch mit starken Opiaten kaum noch schlafen konnte. Oftmals stand er nachts auf und suchte in den Winkeln, wonach? Wonach hatte er Zeit seines Lebens gesucht? Morgens fand man ihn dann nackt auf dem Boden liegen. Nur einen Monat lang blieb er dort: Er brach von neuem nach Marseille auf, um sich eine letzte wilde Anstrengung abzuzwingen – um noch ein Stück Bein abschneiden zu lassen – oder um in diesem Abschwung nach Süden wieder über das Mittelmeer hinausgeschleudert zu werden. –

Sie versäumten morgens den Zug, Rimbaud wartete im Wartesaal der Hölle. Dann begann die dreißigstündige Fahrt, es begann ein Martyrium, als sei in diesem harten, engen, heißen Abteil jemand ans Kreuz geschlagen worden. Der Schmerz, der im Bein und in der zermürbten Achselhöhle tobte, ergriff den ganzen Körper, von den hunderttausend Stößen fühlte er jeden einzelnen, aber erst auf den tausend Stationen hörte er seine entsetzlichen Schreie. Sie trieben die heiteren Ausflügler und Sonntagsreisenden, die in sein Abteil einstiegen, bald wieder hinaus. Er hielt den Stumpf mit beiden Händen, von Weinkrämpfen geschüttelt, es gab für ihn keine Körperstellung mehr ohne teuflische Schmerzen. Im Scheinschlaf blieben seine Augen offen, er wurde wach, wenn man Hinzusteigende bat, ihn nicht zu verletzen, oder wenn Musik und Geschrei aus den Dörfern, von den Flüssen, von den Feldern herüberkam.

Und dann Paris, in dieser Sonntagswelt mit heulenden Rädern und Gliedern, durchquert von einem Bahnhof zum andern. O cité douleureuse, o cité quasi morte! Dann die furchtbarste Nacht, zwischen den schaukelnden, staubigen, selbst wie vom Fieber angesteckten Wänden des Zuges nach Marseille.

Rimbauds jüngste Schwester Isabelle, um 1900

Er lag wieder im Hôpital de la Conception, sehr treu behütet von seiner frommen Schwester Isabelle. Sie sorgte sich nicht nur um seine Gesundheit, zugleich um das Heil seiner Seele, während die Mutter ihr grollte, weil sie mitten in der Zeit der Ernte weggefahren war. Rimbauds noch immer junger Körper aber, noch immer ans Leben gefesselt oder an den fixen Gedanken, er müsse erst einmal wieder in Harar sein, dieser rings um ihn absterbende Körper preßte ihm noch Tränen aus, Tag und Nacht. Da hielt sie es für höchste Zeit, ihn mit dem Himmel zu versöhnen. Zwei Wochen vor seinem Tode nahm er den lange mit Gleichgültigkeit behandelten Besuch des Geistlichen an, und Isabelle schrieb einen berauschten Brief nach Hause: »Gott sei gesegnet, es ist nun kein armer Verstockter mehr, der hier verscheidet, sondern ein Heiliger!« Der Priester hatte ihr beim Verlassen des Zimmers gesagt: »Ihr Bruder hat den Glauben, noch nie habe ich einen Glauben von solcher Stärke gesehen.«

Am 9. November diktierte Rimbaud einen kurzen zusammenhanglosen Brief an eine Schiffahrtsgesellschaft mit den Worten: »... Heute möchte ich diese Bedienung hier wechseln, deren Namen ich nicht einmal kenne, aber jedenfalls ist es der Schiffahrtsdienst von Aphinar. Alle Dienste sind da, und ich, unfähig, unselig, kann nichts finden, der erste Hund auf der Straße wird es Ihnen sagen. Schicken Sie mir doch die Fahrpreise für die Verbindungen von Aphinar mit Suez. Ich bin völlig gelähmt, daher möchte ich schon zu früher Stunde an Bord sein, teilen Sie mir mit, wann ich an Bord gebracht werden soll ...« Am nächsten Tage starb er.

Er starb im Alter Mozarts und Byrons mit siebenunddreißig Jahren. Bei seinem Begräbnis in Charleville war niemand außer der Mutter und der Schwester zugegen. Später errichtete man ihm auf dem Bahnhofplatze, wo nach dem spöttischen Gedicht des jungen Rimbaud selbst die Blumen und Bäume wie dicke Bürger stehen, ein Denkmal. Als die Bronzebüste im Weltkriege auf nicht geklärte Weise verschwand, blieb nur der Sockel mit dem wuchtigen Namen.

Rimbauds Erscheinung wird für die Geschichte der Literatur und des geistigen Lebens unvergeßlich sein, hier ist ein Märtyrer und Blutzeuge der großen Anlage. Er nimmt ein schwereres Schicksal auf sich als die Glücklichen, die durch ihren Tod in früher Jugend ihren Ruhm nicht zu überleben brauchten, das Schicksal eines als Künstler Geborenen, als Künstler nicht Endenden. Er vertreibt sich selbst aus dem »Eden« der Dichtung, um draußen im Schweiße seines Angesichts zu arbeiten: Ein Sucher nach Durchbrüchen durch die Härte der Welt, die zuletzt in Gestalt der furchtbarsten Schmerzen durch ihn Selbst durchbrach.

Wenn sein Lebenslauf, ein Amoklauf, dann wieder mit dem Übertritt zum Paradiese abzuschließen scheint, so ist es in Wahrheit keine Untreue an seiner Ruhelosigkeit, an seinem Trieb zum Unbedingten, von Abschwung zu Abschwung. Der Krüppel, der die irdische Hölle hinter sich hatte, sah keine neue fanatische Möglichkeit mehr als diese jenseitige. Dorthin drängte ihn die letzte schwache Wildheit, der Appétit d'Absolu. Früher hatte er Hunger nach dem entgegengesetzten Absoluten, als er protestierte: »Ich bin der Sklave meiner Taufe!« »Der Spießbürger ist mit Jesus Christus geboren worden.« Vor Nietzsche schrieb er: »Nie war ich Christ. Ich bin von der Rasse, die bei ihrer Hinrichtung sang. Ich verstehe die Gesetze nicht, habe keinen moralischen Sinn, bin eine rohe Natur.«

Das ist und das war. Denn jede Stufe hat er mit dem größten Nachdruck betreten und wieder verlassen. Er war der Frühreife für alles Lernen. Doch: »Wissenschaft ist alt«. Er war der intensive Dichter. Doch: »Der Dichter muß sich zum Seher machen.« Er war der künstlerische Seher. »Die Kunst ist eine Dummheit!« Er war der unendliche Landstreicher. »Durch die Arbeit blüht das Leben!« Er war der Generalagent der Wüste. »O die Ewigkeit der Langenweile!« Er war der Wanderer noch mit einem Bein. »Laßt euch lieber in Stücke reißen als euch amputieren!« Er war der

Bekehrte – doch sein verstummter Mund dachte wohl nur an eine Saison im Himmel.

Man ist ein Verbannter im Vaterlande. Deshalb kann man nicht fliehen; aber durchbrechen! – Seine Entwicklung ist der immer neue verwegene Versuch eines Durchbruchs. Wohin? Der phantastische Realist Rimbaud fragt danach so wenig wie der Schwärmer Don Quichote. Aus der Enge des Lebens, verkörpert in Charleville oder in Europa, aus der alten Welt, Welt des Alten, stößt sein Bateau ivre vor, als ein Kriegsschiff des Geistes, zum Orient. Es ist bezeichnend, daß sein Ziel auch in seiner werktätigen Zeit nie ernstlich Amerika war. Seine Art Arbeit galt der Wüste.

Rimbauds Dichtung ist urwüchsige Intuition, phantasierende Natur, mit ebenso reizvollen wie aufreizenden Tönen, mit geheimnisvollen Prägungen, die man nicht mehr vergißt. Es beginnt schon in der Schularbeit über den Dieb und Dichter François Villon, Vorfahren von Rimbauds lyrischem Landstreichertum. Auch in den schlagenden Formulierungen seiner politischen Zeit, Vers oder Prosa, ist Sinnlichkeit und handelnder Geist stets zusammengemischt. Bateau ivre ist radikal-politisch weil radikal-phantastisch, als Kampfansage an den Druck des europäischen Alls, nach der Unterdrückung des Kommuneaufstands. Dies große Wortkunstwerk, zugleich gesteigert durch den frenetischen Ausbruch des Sechzehnjährigen aus der Pubertät, hat sein Prosagegenstück in der Saison en Enfer, wo man die Wurzel seines Rebellentums im Feuer sich winden sieht, um noch einmal Dichtung hervorzubringen. Hier erreicht er seine

Meisterschaft, das Intimste ins Hintergründigste umzusetzen, ein mystischer Sensationist, dessen unbestechlicher Anarchismus es auch später nie zu einem »Napoleon von Afrika« bringen will, wie man ihm zuschrieb. Phrase und Größenwahn sind ihm fremd, er versteckt sich eher vor Literatur und Macht. (Sein Sprung ins Meer bei St. Helena ist ein Streich, der daran erinnert, daß Rimbaud nicht weit vom flämischen Ulenspiegel zu Hause war, außerdem eine der paradoxen Gesten seines Zynismus, etwa mit dem Sinn: Es gäbe nichts Dümmeres als hier zu Napoleon hinüberzuschwimmen!) Auch die große nahe Bewegung des Mahdi hat ihn nicht sichtbar angezogen. Ebensowenig darf man den Schwerpunkt seines Aufrührertums in den Sozialismus verlegen; und es ist falsche Verplattung eines geheimnisreichen Außenseiters, ihn wie jeden Faßbaren zum aufbegehrenden allgemeinen Menschenfreund zu machen. Die Kommune zog, als ein gewagter Schritt, seine eigene Kühnheit an. Ihr Niederbruch bewirkte bei ihm schon während seines Entwurfs einer kommunistischen Verfassung nichts als eine wachsende Menschenfeindschaft und die Unterdrückung der Neger nichts als eine verstärkte Abneigung gegen jede Sklaverei. Jemand, der seine Haltung in Afrika sah, schreibt darüber: »Er nahm die arme böse Maske des Zynikers nicht ab, mochte sie auch die Eigenschaften seines Herzens verdecken; der beißende Geist seiner Reden machte ihm zahlreiche Gegner.« Man soll diesen Dämon nicht wie einen Parteimann oder wie einen deutschen Idealisten betrachten. Sein Gemüt war anarchisch, er liebte auch die Frauen nur mit entsprechender Willkür, er glaubte nicht an Freundschaft (seinen einzigen Jugendfreund redet er, um eine Kleinigkeit zu vermerken, im Brief mit falschem Vornamen an), und wenn er den Mitschülern oder den Farbigen behilflich ist, geschieht es aus der Überlegenheit eines ebenso scharfen wie vornehmen Menschen. Im Grunde liebt er nur die Freiheit, um jeden Preis. In die Freiheit hinaus benutzt er jeden Weg, auch das Geld.

Man hat sich über seine Briefe aus Arabien und Äthiopien gewundert, aus denen eine nackte Entwicklung zum üblichen französischen Rentner spreche. Daß in der Korrespondenz aus dieser Zeit nichts mehr den Dichter verrät, ist richtig, – es ist folgerichtig. Aber die Rentner-Psychologie trifft daneben. Diese Briefe sind an die Familie gerichtet, an die kleinbürgerliche Einfalt seiner Mutter, an die fromme Einfalt seiner Schwester, ihr Ton geht auf die altgewohnte provinzielle Bürgerlichkeit ein. Doch zwischen den einfachen Zeilen ist überall zu lesen, daß ihm das Geld nur zur Unabhängigkeit verhelfen soll, und seine Anlage zur Seßhaftigkeit ist im Jahre 1885 so zweifelhaft wie je: »Rechnet damit, daß mein Wesen stets vagabundisch bleibt, dies wird sich sogar steigern, wenn ich die nötigen Mittel besitze, dann wird man mich keine zwei Monate am selben Ort sehen.« Vor allem aber möge man mit dem Klang der Briefe die gleichzeitige Wirklichkeit »synchronisieren«, – dann werden sie sich als die unheimliche andere Seite seiner Dichtung herausstellen. Denn die übermenschlichen Anstrengungen in der Öde sehen nach Heroentum, nicht nach Rentnertum aus. Sein Blut, das ihn den heißen Gegenden zugejagt hat, obwohl auch sie für ihn Qualen sind, erhitzt sich dort weiter in unmäßiger Drangabe an die Tätigkeit; in Mischung aller Handelswaren wie früher aller Künste; in einer mit sturer Ehrlichkeit betriebenen Arbeit, bei der er der Ausgebeutete war; in Leiden. Und immer wieder die Begierde, seinen europäischen Leib und Geist in den fremden Erdteilen förmlich zu sieden, als ein Prometheus, der in dem Feuer verbrennt, das er den Menschen nicht bringt. Auch das Verlangen nach Geld ist nur eine Abart seines unstillbaren Durstes. Das Geld und die Unendlichkeit: in Rimbauds polarem Wesen haben selbst diese beiden Gegensätze Zusammenhang. So erkenne man den gleichgültigen Gesten der späteren Briefe, während eines asketisch sich verzehrenden Daseins, einen ganz anderen Sinn oder Wahnsinn zu. Es handelt sich um einen Menschen, der den Flammen des Höllenfeuers rings um ihn keinen Augenblick lang entrinnt, weil sie sich immer zugleich mit dem Verdammten ebenso hoch erheben und ebenso tief mit ihm sinken.

Dennoch möchte ich ihn nicht zu den Poètes maudits zählen, da er den Fluch des Dichtertums nur so lange zu tragen brauchte, wie er wollte. Das ist die blitzende Bedeutung des Falles Rimbaud. Er dichtete drei Jahre lang und danach kam kein gedichteter Satz mehr. Im Jahre 1873 schrieb er zur Saison en Enfer: »Mein Schicksal hängt von diesem Buche ab.« Diese Worte bewahrheiteten sich so, daß er das Schicksal an die Stelle von Büchern setzte. Wie vermochte das ein Künstler von solcher Stärke? Vielleicht eben wegen der Fülle und Schnelligkeit seiner Hervorbringungen. Der einzige Band Verse und Prosa wiegt in der großartigen Zusammengedrängtheit jedes Gedichts, jedes Absatzes, jeder Prägung so viel wie zehn gesammelte Bände Anderer. Möglich ist es, daß er noch nicht alles gesagt hatte. Er hörte mit einem starken Werke auf – und begann vor dem Tode eigenartig zu phantasieren, – vielleicht hätte er als Gesunder und betreten[4]. Aber wesentlicher als diese Vermutung ist die Tatsache, daß er aufhörte. Seine Abwendung wirkt stark wie seine Schöpfung. Wird etwas von solchem Gewicht hingeworfen, so hört man die Explosion desto lauter, zwar noch nicht um 1870, aber nachhaltig genug in der Epoche des Weltkriegs. Rimbaud hat doppelt revolutioniert, durch seine oppositionelle Kunst und durch seine Opposition gegen sie. Er hat das Zeichen für den aufkommenden großen Zweifel gegeben, für die Anzweiflung der Notwendigkeit der Kunst unserer Zeit. Seine Abkehr ist eine wuchtige Demonstration, die den Schlag des Weltkriegs in seinem geistigsten Bezirke vorwegnimmt.

Der Anti-Poet ist erschienen. So möchte ich ihn benennen; nicht poète maudit; Rimbaud ist der Anti-Poet, verwandt dem Anti-Christ. Ein Jahr vor Nietzsches erstem Auftreten, 1871, hatte Rimbaud bereits Thesen gegen den Entkräfter Jesus geschrieben, von denen ich schon einige

4 Der Satzteil »vielleicht hätte er als Gesunder und betreten« ist bereits in der Originalausgabe unvollständig.

anfuhrte und die in dem wilden Gedicht »Die ersten Kommunionen« gipfeln: »Christus, o Christus, Ewiger Dieb der Energien!« Diese beiden großen Kleinstädter, aus Naumburg und aus Charleville, handhaben ähnliche Peitschen der Worte, haben auch beide den Trieb nach der übermenschlichen Landschaft, Wüste oder Gletschergebirge; ihre Übereinstimmung zeigt sich besonders in ihrer tragischen Vitalität, ausgedrückt in Rimbauds »J'y suis – j'y suis toujours!« und in Nietzsches »Sterben? Sterben kann ich nicht!« Aber es ist bei Rimbaud kein Individualismus, er hat den Willen, sich einzuordnen, ein Anarchist zwar und erfüllt von metaphysischer Unzufriedenheit, doch zugleich von kollektivischer Bescheidenheit, auch in seiner naturhaften Unruhe dem Dichter und Kämpfer Shelley nahe.

Da dieser Anti-Poet ein Dichter ist, verneint er nicht die Dichtung, sondern nur die Poesie. Sichtbar für Alle ist er vom alten larmoyanten Kreuz des Poetentums herabgesprungen – in seinem Werke selbst, das in seiner aufrührerischen Form die Wendung schon enthält, und in seinem Leben, das den nach ihm geborenen Dichtern eine neue Unabhängigkeit von jeder Bindung zeigt, auch von der eignen Genialität. Wie weit sein Einfluß reicht, wie viele Töne er für die Generationen vor und nach dem Weltkrieg als erster angeschlagen hat (Ekstatik des Expressionismus, großstädtische und sachliche Dichtung und Prosa, Dichtung und Prosa der knappen Formulierung, der traumhaften Leisigkeit, des kabarettistischen Zynismus, des tendenziösen Aktualismus): dies kann hier nicht ausgeführt werden. Er ist als Dichter und als Anti-Poet Vorläufer einer neuen unmittelbaren und hintergründigen Kraft.

Und wenn der Eindruck seiner Schöpfung und seiner Haltung sich mit nichts anderem vergleichen läßt, so liegt es auch an der besonders ergreifenden erschütternden Besessenheit dieses Menschen, der auf seine Dämonie nicht eitler war als das Feuer auf die Hölle. Der Fall Rimbaud ist die tragische Rebellion des Menschen der großen Anlage gegen die Unvollkommenheit der Welt. Er setzte als ein Empörer zuerst seine blühende Dichtung und zuletzt die Wüste gegen die Wüste.

Gedichte

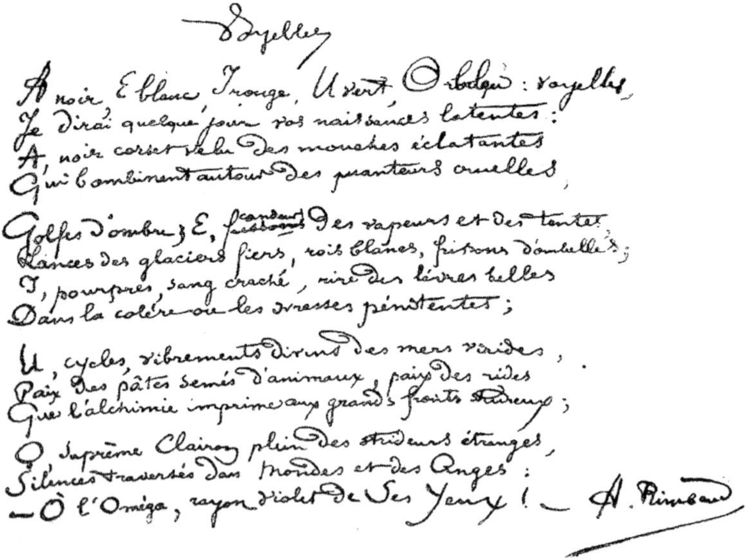

Voyelles

A noir, E blanc, I rouge, U vert, O bleu : voyelles,
Je dirai quelque jour vos naissances latentes :
A, noir corset velu des mouches éclatantes
Qui bombinent autour des puanteurs cruelles,

Golfes d'ombre ; E, ~~frissons~~ candeurs des vapeurs et des tentes,
Lances des glaciers fiers, rois blancs, frissons d'ombelles ;
I, pourpres, sang craché, rire des lèvres belles
Dans la colère ou les ivresses pénitentes ;

U, cycles, vibrements divins des mers virides,
Paix des pâtis semés d'animaux, paix des rides
Que l'alchimie imprime aux grands fronts studieux ;

O suprême Clairon plein des strideurs étranges,
Silences traversés des Mondes et des Anges :
— Ô l'Oméga, rayon violet de Ses Yeux ! — A. Rimbaud

Rimbauds handschriftliche Niederschrift des Gedichts »Les Voyelles«.

Les Voyelles[5]

A noir, E blanc, I rouge, U vert, O bleu: voyelles,
Je dirai quelque jour vos naissances latentes:
A, noir corset velu des mouches éclatantes
Qui bombinent autour des puanteurs cruelles,

Golfes d'ombre. E, candeur des vapeurs et des tentes,
Lances des glaciers fiers, rois blancs, frissons d'ombelles;
I, pourpres, sang craché, rire des lèvres belles
Dans la colère ou les ivresses pénitentes;

U, cycles, vibrements divins des mers virides,
Paix des pâtis semés d'animaux, paix des rides
Que l'alchimie imprime aux grands fronts studieux;

O, suprême Clairon plein des strideurs étranges,
Silences traversés des Mondes et des Anges:
– O l'Oméga, rayon violet de Ses Yeux!

5 In der Erstausgabe von Wolfensteins Rimbaud-Band von 1930 wurde, das Gedichte-Kapitel eröffnend, ein Faksimile abgedruckt (ohne Transkription).

Empfindung

Ich schlendere an blauen Sommerabenden auf allen Wegen,
Da kitzelt mich das Korn und ich zertrete das zarte Kraut
Und spüre es unter den Füßen sich frisch wieder regen,
Es badet der Wind mein nacktes Gesicht, er plätschert laut.

Ich aber, ich sage nichts, will nichts überlegen,
Unendliche Liebe strömt mir zu aus solchem Blau,
Und weit gehe ich fort, weit fort, mit Landstreichers Segen,
Durch die Natur – so glücklich wie mit einer Frau.

Ophelia

I

Auf dunkler Flut, wo Sterne ruhn, wie eine schmale
Und lange weiße Lilie schwimmt Ophelia hin,
Von fernen Wäldern, Jagden, Feiern kommen Hornsignale,
In ihren Schleiern langsam schwimmt Ophelia hin.

So ist es schon seit mehr als tausend Jahren,
So zieht ihr bleicher Leib den Strom entlang,
Zweistimmig tönen schon seit tausend Jahren
Der Abendwind und ihres Wahnsinns sanfter Sang.

Die Luft küßt ihre Brüste, und wie Blüten bauschen
Die weiten Schleier sich, das Schilfrohr biegt
Sich weinend nieder zu der hohen Stirn, die Weiden rauschen
Auf ihre Schultern nieder, die das Wasser wiegt.

Sie streift die Wasserrosen, seufzend hingekauert,
Sie weckt im schlummernden Erlenbaum ein Nest
Daraus ein kurzes Flügelflattern schauert,
Indes Musik aus hohem Raum sich hören läßt.

II

Ophelia, schön wie Schnee, dich hat als Kind
Des Todes Fluß, Jungfräuliche, davongetragen,
Weil Wind der Gletscher zu dir sprach, Norwegens Wind,
Von herber Freiheit, ja, du solltest Freiheit wagen,

Weil rätselhaft ein Hauch dein Haar durchfuhr,
Wie eine Peitsche, und dich Träumerin erweckte,
Weil du im Schall der Nacht die Worte der Natur
Vernahmst, wenn dich das Ächzen großer Äste schreckte,

Weil dir mit riesenhaftem Stöhnen rings das Meer
Die allzu menschlich-süße Brust zerfetzte,
Weil eines Morgens im April ein schöner blasser Herr,
Ein armer Narr, sich stumm zu deinen Knieen setzte.

Dein Wahnsinn war: zu lieben! frei zu sein!
Das schluckte dich, wie Flammen Schnee aufsaugen,
Der Traum fraß deine Sprache – Und der fürchterliche
  Schein
Unendlichkeit verstörte deine blauen Augen.

Die verstörten Kinder

Im Schnee, vorm hellen Keller, hocken
Fünf Kleine, schwarz bis zu den Socken,
Ein Kreis Popos,

Sie sehn: dort drinnen macht der Bäcker
Das Brot, ach je, so blond und lecker.
Noch ists ein Kloß.

Den schiebt er nun mit starken Armen
Zum Ofen, ohne ein Erbarmen,
Ins Loch ganz rot,

Man hörts schon knistern, brutzeln, reifen
Und hört den feisten Bäcker pfeifen.
Das gute Brot!

Sie knieen, ohne sich zu rühren:
Gleich einer Brust, so warm zu spüren,
Hauchts aus dem Schacht,

Jetzt kommt das Brot, wie Zuckereier
So schön geformt, für welche Feier
Noch in der Nacht?

Und in dem russigen Gewinde
Die Kruste singt, die duftige Rinde,
Und Grillen auch,

Ihr kleines Kinderherz belebt sich
Und unter ihren Lumpen hebt sich
Der arme Bauch.

Fünf Jesuskindlein draußen kauernd,
Im dunklen feuchten Nebel schauernd,
Sehn starr durchs Glas,

Die dünnen Mäulchen, die sich drücken
Ans Gitter, murmeln durch die Lücken
Irgend was:

Sie beten zuckend, dumme Kleine,
Zu dieses offnen Himmels Scheine,
Den Leib verdreht,

So heftig, daß die Hosen reißen
Und daß ihr Hemd im scharfen weißen
Wintersturm weht.

Im grünen Cabaret

Um 5 Uhr nachmittags

Acht Tage lang zerriß ich mir die Schuhe
Auf steinigen Straßen, endlich trat ich ein
Ins Grüne Cabaret, Charleroi. Ah, fein –!
Butterbrot! Schinken! Dieses war die Ruhe.

Glückselig streckte ich die Beine unter
Den grünen Tisch, sah an den Wänden hin,
An blöden Bildern hin. Die Kellnerin
Mit großen Brüsten, großen Augen, munter

Als schreckte die kein Kuß! trug nett geschürzt
Auf dem geblümten Teller Butterbrot
Heran und warmen rosig weißen Schinken,

Schinken mit Knoblauchzehe wüst gewürzt,
Dazu ein Bier, aus großem Krug zu trinken,
Der Schaum war von der späten Sonne rot.

Das gestohlene Herz

Mein trübes Herz spuckt auf das Heck,
Mein Herz bedeckt mit Rauchtabak:
Dort schmeißt man Suppen übers Deck,
Mein trübes Herz spuckt auf das Heck:
Bei lauter Witzen voller Dreck,
Die wiehernd reißt das Mannschaftspack,
Mein trübes Herz spuckt auf das Heck,
Mein Herz bedeckt mit Rauchtabak.

Bordellisch, phallisch, soldatesk:
Von ihren Völlerein ein Schwein!
Am Steuer träumt man sichs, al fresk,
Bordellisch, phallisch, soldatesk.
O Fluten, murmelnd gigantesk,
Nehmt hin mein Herz und wascht es rein:
Bordellisch, phallisch, soldatesk,
Von ihren Völlerein ein Schwein.

Wenn stopt ihr trunkner Unzuchtsschwatz,
Gestohlnes Herz, was aber dann?
Man hört noch Schluckaufs, Schmatz um Schmatz,
Wenn stopt ihr trunkner Unzuchtsschwatz.
Mein Magen spürt den Bodensatz,
In den mein Herzblut niederrann:
Wenn stopt ihr trunkner Unzuchtsschwatz,
Gestohlnes Herz, wie fährst du dann?

Der Schläfer des Tals

Es ist ein grünes Loch. Es singt ein Quell.
Er hängt wie toll ans Gras die Silbernudeln
Des Wassers. Sonne scheint vom Berge grell
Ins kleine Tal, darin die Strahlen sprudeln.

Mit offnem Mund, mit bloßem Kopf, ein junger
Soldat liegt da, in Kresse, blauend dicht,
Das Antlitz schlafend schwer, bleich wie von Hunger,
Im frischen grünen Bett, es weint das Licht.

Die Füße in der Schwertlilien Geschlinger,
So schläft er lächelnd wie ein krankes Kind.
Wiege ihn, warme Welt. Ihn friert doch.

Er riecht nicht den erregten Duft im Wind,
Er schlummert in der Sonne, seine Finger
Ruhn auf der Brust. Rechts ist ein rotes Loch.

Das Böse

Während der blutrote Auswurf der Kanone
Täglich durch das unendliche Himmelsblau zischt,
Während am lächelnden Kaiser vorbei Bataillone
Grün und scharlachen versinken im feurigen Gischt,

Während zerbrochen vom Schlag einer rohen Ekstase
Hunderttausende liegen, als stinkende Schar,
Arme Tote im Sommer, im heiteren Grase,
Diese Männer, die heilig Natur gebar –:

Lebt ein Gott, der im Weihrauch ferne dem Kriege,
Im Brokat des Altars, im Goldkelche lacht
Und sanft einschlummert in der Hosiannas Wiege

Und bei angstvollen Schritten – wenn Mütter kommen
Weinend unter dem alten Hut und ihm einen frommen
Pfennig aus ihrem Schnupftuch spenden – erwacht.

Die Raben

O Herr, wenn kalt die Wiesen werden,
Wenn in den Dörfern, hingeduckt,
Das lange Angelus verzuckt,
Still, über der verblühten Erden,
Dann schick uns aus des Himmels Ruh
Die lieben guten Raben zu.

Ihr seltsam Heer, ihr schrillen Massen,
Der Eissturm greift nach eurem Nest!
Wo Kreuze stehn und Kreuzes Rest
Längs gelber Flüsse, alter Straßen,
An Gräben, Löchern und Gesträuch
Versammelt, trennt und sammelt euch!

Viel tausend über Frankreichs Auen!
Kreist, wo die Toten liegen, die
Von gestern sind, mit kaltem Knie,
Und wer vorbeikommt, soll sie schauen!
Schrei, schwarzer Totenvogel, sei
Trompeter unsrer Pflichten, schrei!

Und doch, ihr Heiligen auf der Säule
Der Eiche, auf des Abends Ast:
Wenn Frühlingsvögel singen, laßt
Sie jenen! deren arme Fäule
Dort unentrinnbar ruht, ans Moos
Gepreßt, Besiegte, zukunftslos!

Paris bevölkert sich wieder

Ihr Feiglinge! da steigt ihr wieder aus! an allen
Bahnhöfen! Denn die Sonne hat mit glühenden Lungen
Den Strom der eingedrungenen Barbaren ausgetrocknet:
Zur Heiligen Stadt des Westens kann man wieder wallen!

Kommt! Denn es wird verkündet, daß an Feuersbrünsten
Nun Mangel herrscht! Die Boulevards, Quais und Plätze,
Sie liegen da im leichten Himmelslicht, wo eben
Der rote Krieg sich noch erging in Bombenkünsten.

Gerüste baut! die toten Häuser zu erneuen!
Der Tag des Schreckens wirke herzerfrischend.
Schon naht die Schminke aller Hüftenschwenkerinnen.
Seid irr vor Glück, es wäre irr, sich jetzt zu scheuen!

Ihr Hundetrupps, Müllfresser, geile Läufer,
Es ruft nach euch, all den goldnen Wänden,
Da senkt die Nacht der Freuden, voll von Krämpfen,
Sich auf die Straßen nieder, o ihr Säufer:

Sauft fort. Und wird das grelle Licht erscheinen,
Im Luxus neben euch, im Reichtum wühlend,
Dann werdet ihr doch ohne Wort und Regung
Verlornen Blicks in eure Gläser greinen?

Trinkt auf die Fürstin mit den schmelzenden Hinterbacken!
Hört, wie erschütternd alles danach strebt, zu rülpsen,
Hört, wie sich in der Schwüle alle Unentschiedenen,
Lakaien, Greise, Hanswürste, mit Sprüngen placken!

O Herzen ganz aus Dreck, o Zungenbieger,
Ihr müßt doch etwas fleißiger sein, ihr üblen Lippen –
Wein auf den Tisch für diese ehrlos Umgekippten!
Ein Brei von Schmach sind eure Bäuche, Sieger!

Die Nasenlöcher öffnet euren hohen Stänken,
Die Muskeln eurer Hälse löst mit letzten Giften,
Ich sage euch: Ihr Feiglinge, seid toll! und segnend
Will ich die Hand auf eure Kindernacken senken.

Da ihr den Leib der Frau durchwühlt mit Lüsten,
Befürchtet ihr, sie könnte noch in ihrer Zuckung
Aufschrein und eures Samens schlechte Zeugung
Erwürgen mit entmenschter Faust auf ihren Brüsten?

Ihr Syphilitiker, Bauchredner, Könige, Trotteln,
Was wiegt ihr für Paris, die starke Hure,
Was wiegen eure Seelen, Körper, Gifte, Lumpen?
Sie packt euch an den starren faulen Zotteln,

Sie schmeißt euch hin, auf eure Eingeweide,
Und wollt ihr euer Geld zurück und kreischt und wütet:
Die rote Hure mit den schlachtgeschwellten Brüsten
Zeigt eurer Ohnmacht fern die Fäuste, schlüpfrig beide.

Paris! Wenn schon so zornig tanzten deine Füße,
Wenn du so viele Messerstiche schon erhieltest,
Und wenn du dalagst, in den blinkenden Pupillen
Noch stets ein wenig Güte, frühlinghafte Süße,

O schmerzensreiche Stadt, o Stadt wie schon gestorben,
Doch Haupt und beide Busen zugewandt der Zukunft,
Die über deiner Blässe tausend Tore auftut,
Stadt, von den Schatten der Vergangenheit umworben,

Magnetisierter Körper – nur für neue Hiebe:
So schluckst du wieder dieses böse Dasein
Und spürst den Fluß der fahlen Würmer in den Adern,
Kalt schleichen Finger um die Gluten deiner Liebe!

Und doch, es steht nicht schlecht. Die fahlen Maden
Behindert nicht den Atem deines Fortschritts,
Wie Nacht der Karyatiden Augen niemals auslöscht,
Wenn Sternengold weint aus des Himmels Breitengraden.

Und ist dies Wiedersehn nur schaudernd zu ertragen,
Und ist noch nie aus einer großen Stadt ein solches
Geschwür geworden, stinkend in die grüne Landschaft,
So muß ich doch: Großartige Schönheit! zu dir sagen.

Der Sturm hat dich geweiht und dich gedichtet,
Du warst umschart vom mächtigen Rühren aller Kräfte,
Dein Werk wird gar, der Tod grollt. Auserwählte Stätte!
Aus der Posaune stumpfem Herzen hol den Schrei, der richtet!

Der Dichter faßt den Seufzer jeder Not und Schande,
Den Grimm der Sträflinge, die Klage der Verfluchten,
Mit seiner Liebe Strahlen geißelt er die Frauen,
Und seine Strophen schmettern: Seht! die wahre Räuberbande!

Und die Gesellschaft – alles ist, wies war: sie feiern
Die früheren Orgien in den früheren Bordellen,
An roten Mauern fiebernd stehn die Gaslaternen,
Auf ihr gelähmtes Flackern senkt Azur sich bleiern.

Vokale

A schwarz, E weiß, I rot, U grün, O blau: Vokale,
Ich kenne eurer Herkunft Heimlichkeiten:
A, Bart behaarter Fliegen, starres Streiten
Um Aas, um faden Stank von Abfallschale,

Ein Schattengolf. E, Schnee von Zelten, Nebeln, Weiten,
Der Eise Speere, helle Speichen, Beerenwippen.
I, ausgespienes schieres Blut, begierige Lippen,
Die trinkend lachen, büßend uns entgleiten.

U, runde Strudel, grüner Fluten Brausen,
Vom Vieh gerupfte ruhige Flur, der Runzeln Hausen
Auf kluger Stirn und Suchens Spur und Spott.

O, höchstes Horn, darin besondre Töne wohnen,
Des Kosmos von Seraph und Mond durchzogne Zonen,
O, Omega, violetter Donnerstoß aus Gott!

Vierzeilengedicht

Es weinte der Stern ins Herz deiner Ohren rosige Zacken,
Es rollte dir weiß das Unendliche bis zu den Hüften hinab
vom Nacken,
Es warf das perlende Meer an deine purpurnen Brust-
spitzen große
Perlen, es verblutete der Mann schwarz blutend an dei-
nem herrischen Schoße.

Die Läusesucherinnen

Wenn des Knaben rote Stirn aus seiner jungen Fieber
  Nestern
Bitterlich beschwört der weißen Träume haltlos Schlingern,
Treten an sein Bett zwei große feine Schwestern,
Silbernägel an den reizend überzarten Fingern.

Und sie setzen ihn ans offne Fenster, wo wie Tränen
Blaue Lüfte auf ein Dickicht Blumen niedertauen,
Und durch seine schweren, seine feuchten Strähnen
Fahren ihre Hände, spendend Zärtlichkeit und Grauen.

Er verspürt der langen Atemzüge warmes Streicheln,
Die wie rosige Honigpflanzen sein Gefühl versüßen,
Und mit pfeifenden Seufzern manchmal perlt ein Speicheln
Scheu auf ihre Lippen, oder Durst, zu küssen.

Ihre Wimpern hört er schlagen, dunkel lüstern,
In des Schweigens unempfindlichem Gehäuse,
Und, zerdrückt von den elektrischen Fingern, knistern
Unter ihren königlichen Nägeln seine kleinen Läuse.

Da durchläuft der Wein der Lässigkeit den Jungen,
Und wie Falten der Harmonika zu fiebern scheinen,
Fühlt er unter ihren langsam wachsenden Liebkosungen
Quellen, sinken, quellen eine Lust, zu weinen.

Taumel

Was ist uns dies, mein Herz? die Glut, das Blut,
Die tausend Morde und gebrochnen Mienen,
Der Höllenschrei, der alles umwirft, was noch ruht,
Und immer noch der Ordnung Adler auf Ruinen?

Nichts. Und die Rache? Nichts. Und doch, wir wollen!
Dann nieder mit Gewalt, Gesetz, Geduld!
Ihr Fürsten – Senatoren – Industriellen –
Dann sterbt! Das Blut! Die Glut! Gehäufte Schuld!

Zum Kampf, mein Geist, Vergeltung aufgestellt
In scharfen Reihn! Jetzt beißen wir! Verloren
Ihr alle: Republiken dieser Welt,
Genug! Feldherren, Kaiser, Kolonisatoren!

Wer kann den riesigen Wirbelsturm erregen?
Nur wir, und die einander Brüder sind!
Zu uns, ihr Schwärmer! Dies kann uns bewegen,
Die Feuerzukunft, und die Arbeit wird gelind.

Amerika, Europa, Asien: aus der Bahn!
Marsch der Vergeltung, unser Vormarsch wird besetzen
So Stadt wie Land, und es wird alles abgetan,
Wenn Ozeane wie Vulkane sich zerfetzen!

Mein Herz, ja, sie sind Brüder, sinds für immer!
Ihr schwarzen Unbekannten! wenn wir gehen, gilts!
Voran! Für euch! Und doch, ich alte Erde, schlimmer
Erschaudere ich, versinke, o die Erde schmilzt!

***

Es ist nichts. – Ich bin. – Ich bin immer.

Trunkenes Schiff

Als ich hinabfuhr die breiten gefühllosen Flüsse,
Kamen die Schiffszieher jäh aus dem Takt:
Opfer der Rothäute, Zielscheiben gellender Schüsse,
Schnell angenagelt am bunten Marterpfahl, nackt.

Gleichgültig war mir, wo meine Mannschaft steckte,
Wie das flämische Korn, die englische Wolle im Kiel.
Als mit den Schiffsziehern all dies Wesen verreckte,
Ließen die Flüsse mich schwimmen, wohin mirs gefiel.

Durch des Wassers wütendes Schwanken
Hart wie ein Winter, taub wie ein Kinderhirn,
Trieb ich! Halbinseln, losgekettet, versanken
Im Gischt triumphierender Wasserwirrn!

Sturmwind segnete mein ozeanisch Erwachen.
Achtlos auf Licht an den Ufern, das winkt ohne Sinn,
Trieb ich! Über des ewigen Menschenfressers Rachen
Leichter als Kork tanzt' ich zehn Nächte lang hin.

Sanft wie wenn Kinder die Säure von Äpfeln lecken,
Sog mein tannener Kahn grünes Wasser ein,
Steuer und Anker ging weg, es wusch mich von Flecken
Blauen Weins und erbrochener Speise rein.

Dann verfiel ich ganz den grünen Azuren,
Die der Himmel mit Sternen und Milchglanz nährt,
Darinnen bleich, mit nachdenklichen Spuren,
Selig mancher Ertrunkene fährt,

Wo in langen Stößen aufpulsend ein Fieber
Jäh aus den Rhythmen des Tages loht
Und stärker als Alkohol, schwungvoller als eure Lieder
Aufpeitscht der Liebe bitteres Rot!

Und ich weiß nun, wie Blitze die Himmel verwirren,
Sah die Strudel und Brandungen kommen und gehn,
Dämmrungen, die wie ein aufgeregt Taubenvolk schwirren,
Und was der Mensch kaum glaubte zu sehn!

Sah die tiefe Sonne mit nahen geheimnisvollen
Schrecken gefleckt, in violetter Glut,
Sah wie bei alten erhabenen Schauspielern rollen
Weithin die Faltenwürfe der Flut.

Träumte von grünlicher Nacht, die mit blendenden Eisen
Wie mit langen Küssen das Auge des Meeres bedeckt,
Von noch niemals enthüllter Säfte Kreisen,
Blaugelbem, singendem Phosphor, der morgendlich weckt.

Folgte monatelang den schwappenden Ungeheuern,
Die mit hysterischen Eutern das Riff umschrein
Und mit überfließenden Mäulern scheuern
An der Küste glänzendem Bein.

Neue Floriden fand ich, Rätselräume,
Blumen mit Pantherblick, Menschenhaut tierisch bunt,
Regenbogen, die hängen hinab wie Zäume
Meergrauer Herden, weidend am Boden des Sund,

Gärende Sümpfe, Fangnetze tödlicher Dampfe,
Wo im Schilfe fault des Leviathans Pracht,
Mitten in Meeresstille Wasserkrämpfe,
Festes Land, das hinab in den Katarakt kracht,

Silberne Gletscher, Baien im Perlmutterglanze,
Wracke, die qualliger Golfgrund umfaßt,
Riesenschlangen, die rund zerfressen von Wanzen,
Fallen vom stinkenden, düster gewundenen Ast.

Ausschnitt des Rimbaud'schen »Le Bateau ivre« auf der
Mauer des Hôtel des Finances in der Rue Férou in Paris.

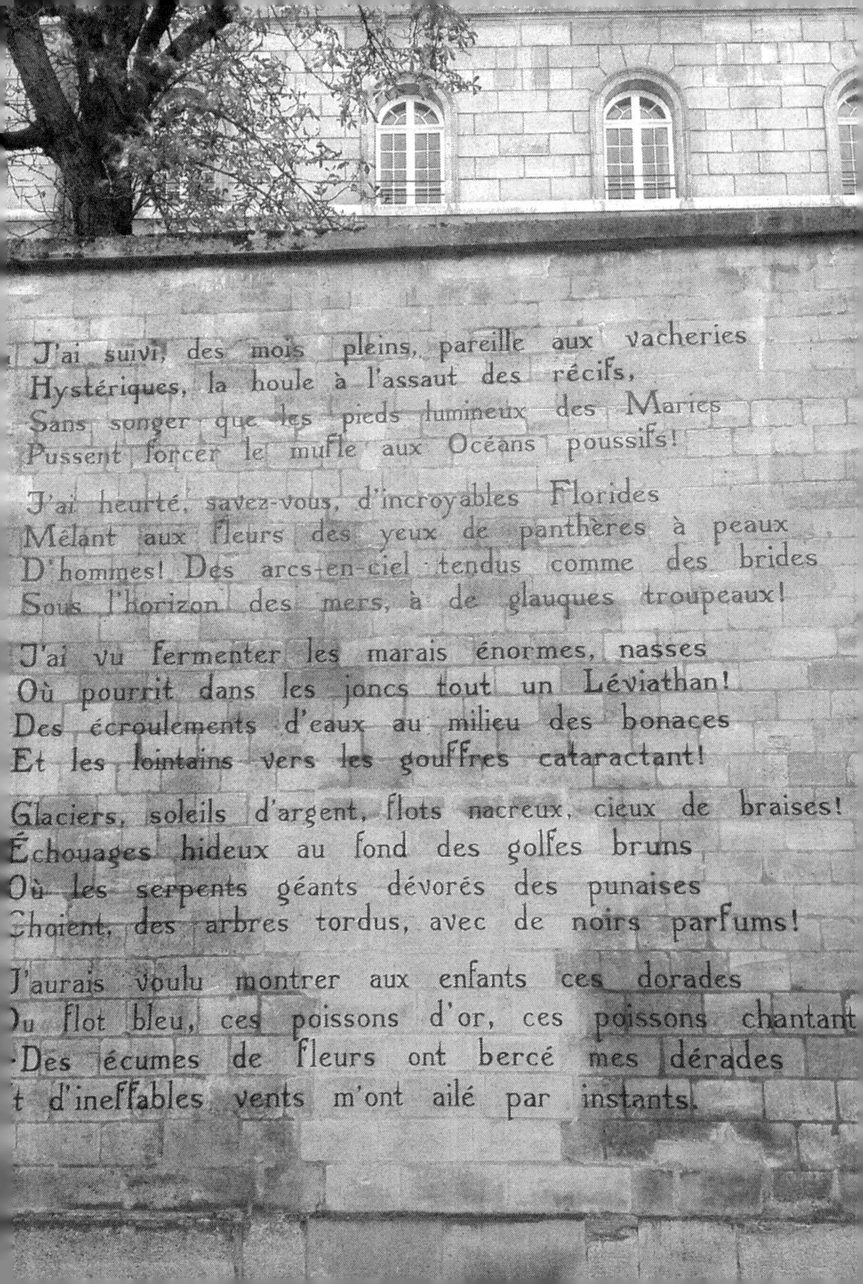
J'ai suivi, des mois pleins, pareille aux vacheries
Hystériques, la houle à l'assaut des récifs,
Sans songer que les pieds lumineux des Maries
Pussent forcer le mufle aux Océans poussifs!
J'ai heurté, savez-vous, d'incroyables Florides
Mêlant aux fleurs des yeux de panthères à peaux
D'hommes! Des arcs-en-ciel tendus comme des brides
Sous l'horizon des mers, à de glauques troupeaux!
J'ai vu fermenter les marais énormes, nasses
Où pourrit dans les joncs tout un Léviathan!
Des écroulements d'eaux au milieu des bonaces
Et les lointains vers les gouffres cataractant!
Glaciers, soleils d'argent, flots nacreux, cieux de braises!
Échouages hideux au fond des golfes bruns
Où les serpents géants dévorés des punaises
Choient, des arbres tordus, avec de noirs parfums!
J'aurais voulu montrer aux enfants ces dorades
u flot bleu, ces poissons d'or, ces poissons chantants
Des écumes de fleurs ont bercé mes dérades
t d'ineffables vents m'ont ailé par instants.

Gerne hätte ich Kindern die Flutparadiese
Goldener Fische, singender Fische gezeigt,
Täglich wiegte mich neu des Schaumes Wiese,
Mich beflügelte Wind, meinen Fahrten geneigt.

Und wenn ich müde war, aller Pole und Zonen
Märtyrer, hoben sich Seufzer vor mir und spien
Schattenblüten mit gelben zaubrischen Kronen,
Und ich lag dann wie eine Frau auf den Knien,

Wie eine Insel, still … besetzt alle Ränder
Mit blondäugiger Vögel Gezänk und Kot,
Schaukelnd nur, wenn durch die gelösten Bänder
Meines Fahrzeugs ein Leichnam zurückglitt zum Tod.

So, verloren in waldiger Buchten Fransen,
Durch den vogellosen Äther geschleudert, Geschoß
Des Orkans, und nie von den Seglern der Hansen
Aufgefischt im wassertrunkenen Floß,

Frei, ganz frei, rauchend vom Schauer
Bunter Nebel, durchstoßend des Himmels Leim,
Den, zur Lust guter Dichter, wie hochrote Mauer
Flechten der Sonne umziehen, himmlischer Schleim,

Ich, von elektrischen Monden gesprenkelt, auf tollen
Planken, in der Seepferde schwarzem Geleit,
Von den Keulenschlägen des Juli umschollen,
Wenn er die Massen Gewölks durch Gluttrichter seiht,

Ich, der des Maelstroms malmendes Gleiten
Nahe, auf fünfzig Meilen, vernahm, im All
Schweifender, Landstreicher durch die Unendlichkeiten:
Ich fürchte Europas alten Festungswall.

Sternarchipelen nahte ich, glühenden Schächten,
Wo der Himmel offen dem Suchenden klafft:
Schlummerst Du in diesen grundlosen Nächten,
O Million von Goldvögeln, künftige Kraft?

Aber ich weinte zuviel. Die Morgen enttäuschen,
Gräulich ist jeder Mond, die Sonne ist schwer.
Heiße Liebe dehnt mich zu wilderen Räuschen.
O, zerplatze, mein Brett! O, ich gehe ins Meer!

Muß ich ans Wasser Europas denken,
Ist es ein Tümpel, ein schwarzes frostiges Ding,
Wo im Abendduft traurig ein Kind hockt, zu schwenken
Sein Schiffchen wie einen Maischmetterling.

Ich, nach eurer Umarmung, o Wogen, kann nicht mehr
In der Baumwoll-Lastschiffe Kielwasser gehn
Oder im Pomp der Fahnen und Fackeln, kann nicht mehr
In die schaurigen Augen der Kerker sehn.

Alchimie des Wortes

I

Fern von den Vögeln, Herden, Dörflern,
Was trank ich, auf den Knien im Kraut,
Von sanftem Haselstrauch umgeben,
Im laugrünen Nachmittagsdunst?

Was konnt ich in der jungen Oise
(Gras blumenlos, stumm Rüstern, dick
Der Himmel) fern dem lieben Häuschen
Aus gelber Kürbisflasche trinken?
Wohl Goldschnaps, der mich schwitzen macht.

Kein rechtes Schenkenschild! Sturm jagte
Den Himmel. Und des Waldes Wasser
Verging im jungfräulichen Sande.
Gott hauchte Sumpfeis. Weinend sah ich
Gold, Gold, und konnte nichts mehr trinken.

II

Morgens um Vier im Sommer
Dauert der Liebe Schlaf noch.
Aus den Gebüschen dampfen
Düfte des Festes der Nacht.

Unten auf weitem Holzplatz
In hesperidischer Sonne
Rühren sich schon hemdärmelig
Die Zimmerleute.

Fügen in moosiger Werkstatt
Ruhevoll kostbares Tafelwerk,
Welchem die Stadt dann falsche
Himmel aufmalen wird.

O, für die liebenswerten
Handwerker, Sklaven von Babel,
Verlasse einen Augenblick, Venus,
Der Paare blühende Lust!

Herrin der Hirten, bringe
Branntwein den guten Arbeitern,
Daß ihre Kräfte gedeihen in
Erwartung des Mittagbads im Meer!

III

Lied vom höchsten Turm

Erscheine, erscheine,
Du Zeit, nach der ich weine.

Lang war ich geduldig,
So vergaß ich alles.
Unruh und Erleiden
Ist entflohn zum Himmel.
Ungesundes Dürsten
Hat mein Blut verdüstert.

Erscheine, erscheine,
Du Zeit, nach der ich weine.

Also preisgegeben
Dem Vergessen, breitet
Sich das Land, voll Weihrauch
Und voll blühenden Unkrauts,
Mit dem wilden Summen
Schmutziger Fliegen.

Erscheine, erscheine,
Du Zeit, nach der ich weine.

IV

Hunger

Wenn ich ein Gelüsten habe,
Ists nach Erde oder Steinen.
Jederzeit ist Luft mein Essen
Oder Kohle, Felsen, Eisen.

Meine Hunger, weg! Beweidet
Klängewiesen.
Nehmt dazu das heitere
Gift der Winden.

Hunger, speist gehackte Kiesel
Oder alte Kirchenmäler,
Brotgeröll der alten Sintflut,
Einst gesät in graue Täler!

V

Der Wolf schrie im Gebüsche,
Ausspie er die schönen Federn
Seines Geflügelschmauses:
Wie Er verzehre ich mich.

Alle Salate und Früchte
Erwarten nur ihre Ernte,
Aber der Spinne der Hecken
Wollen nur Veilchen schmecken.

Schliefe ich doch, schmorte ich doch
Auf dem Altar des Salomon.
Über den Rost flösse mein Saft
Und mischte sich mit dem Bach Kidron.

VI

O Schlösser, o Gezeiten!
Keine Seele kann ihre Fehler bestreiten.

Ich trieb viel magische Studien
Des Glücks, danach jedermann späht.

Ich grüße es, wenn nach Präludien
Der gallische Hahn kräht.

Ach, ich habe garkeine Absichten mehr,
Dies Glück übernahm mein Sein.

Dieser Reiz macht keine Anstrengung schwer,
Fängt Seele und Körper ein.

O Gezeiten, o Schlösser!

Und dann, im Augenblick der Flucht,
Ach, werde ich vom Tod besucht.

O Gezeiten, o Schlösser!

VII

Sie ist wieder geweiht!
Wer? Die Ewigkeit.
Das ist das Meer vereint
Mit der Sonne.

Meine ewige Seele,
Deines Schwurs hab acht,
Trotz des Tages Schwelen
Und der öden Nacht.

Und du trennst dich schon
Von des Klüngels Siegen,
Schwüngen, die verfliegen!
Schwebe du davon …

Niemals Hoffnung wieder
Und kein Orietur.
Geist! Geduld! Hernieder
Winkt die Strafe nur.

Nun kein Morgen mehr,
Seidig süßes Licht.
Dein Begehr
Wird die Pflicht.

Sie ist wieder geweiht!
Wer? Die Ewigkeit.
Das ist das Meer vereint
Mit der Sonne.

Prosa

Die Sonne war noch warm

Aus einem Schulheft des Achtjährigen

Die Sonne war noch warm. Doch sie erhellte fast gar nicht mehr die Erde. Wie eine Fackel stand sie vor den [*(unleserlich)*], auf die sie ein schwaches Licht warf. So erlosch die Sonne, Erdenfackel, indem sie von ihrem Feuerleib solchen letzten Schein ausgehen ließ, doch die grünen Blätter der Bäume waren dabei noch sichtbar und die verwelkenden kleinen Blumen und der riesenhafte Wipfel der Fichten, der Pappeln und der hundertjährigen Eichen. Der erfrischende Wind, also eine frische Brise, bewegte das Laub, und dies Rauschen glich beinahe dem des silbernen Bachwassers, das vor meinen Füßen hinlief. Die Farrenkräuter neigten ihre grüne Stirn vor dem Winde. Da schlief ich ein, zuvor trank ich noch vom Wasser des Baches.

Ich träumte … daß ich in Reims im Jahre 1503 geboren wurde.

Reims war damals eine kleine Stadt, besser gesagt, ein Flecken, freilich berühmt durch seine schöne Kathedrale, Denkmal der Salbung des Königs Clovis.

Meine Eltern waren nicht reich, aber sehr ehrenhaft. Ihr einziges Eigentum bestand in einem Häuschen, es hatte ihnen schon immer gehört, und dann besaßen sie etliche tausend Francs, zu denen noch die paar Goldstücke aus den Ersparnissen meiner Mutter kamen.

Mein Vater war Offizier (Gardeoberst. Fußnote von Arthur Rimbaud) im Heere des Königs. Ein Mann von großer Gestalt, mager, mit schwarzem Haar und Bart, Augen und Haut von derselben dunklen Färbung. Obwohl er bei meiner Geburt erst achtundvierzig oder fünfzig Jahre alt war, hätte man ihn sicher auf Sechzig oder Achtundfünfzig geschätzt. Sein lebhaftes aufbrausendes Wesen machte ihn oft zornig, und er duldete nichts, was ihm mißfiel.

Meine Mutter war ganz anders: eine sanfte ruhige Frau, die schon über geringes erschrecken konnte, und dennoch hielt sie das Haus vollkommen in Ordnung. Ja, sie war so still, daß mein Vater sie aufzog wie ein kleines Mädchen. Ich war der Liebling. Meine Brüder hatten nicht soviel Mut wie ich und waren doch größer. Ich liebte das Studium nicht sehr, das heißt, ich lernte nicht gern lesen, schreiben und rechnen. Aber wenn es galt, ein Haus herzurichten, einen Garten zu bestellen, Besorgungen zu erledigen, oho! das machte mir Spaß.

Nun erinnere ich mich, daß mir der Vater eines Tages zwanzig Sous versprochen hatte, wenn ich eine Rechenaufgabe richtig ausführte. Ich begann und konnte damit nicht fertig werden. Ach, wie oft hat er mir Geld, Spielsachen, Leckereien versprochen, einmal sogar fünf Francs, wenn ich ihm etwas vorlesen könnte! Trotzdem gab er mich mit zehn Jahren in die Schule.

Da sagte ich mir:

»Weshalb muß ich Griechisch, Lateinisch lernen? Ich weiß es nicht! Das hat man doch nicht nötig! Was geht es mich an, daß man mich aufgenommen hat? Welchen Sinn hat es, daß man aufgenommen wird? Garkeinen Sinn, nicht wahr? Oder doch: nur so bekommt man eine Stellung, heißt es. Ich will aber garkeine Stellung, ich werde Rentier. Und selbst wenn man einen Posten haben will, wozu Lateinisch lernen? Das spricht kein Mensch. Manchmal sehe ich so ein Latein in der Zeitung. Aber Gott sei Dank ich werde nicht Journalist.

Und wozu Geschichte und Geographie? Natürlich muß man wissen, daß Paris in Frankreich liegt. Aber auf welchem Breitengrad, danach wird Niemand fragen. Geschichte zu lernen, das Leben eines Chinaldo, Nabopolassar, Darius, Cyrus, Alexander und all dieser Gesellen, bemerkenswert durch ihre verteufelten Namen, das ist eine Qual. Was gehts mich an, daß Alexander hochgeehrt war, was geht es mich denn an? … Ist es überhaupt sicher, daß die Lateiner gelebt haben? Vielleicht ist es eine erdichtete Sprache. Und wenn sie gelebt haben, sollen sie mich Rentner werden lassen und ihre Sprache für sich behalten. Was habe ich ihnen Böses getan, daß sie mich zu Martern verdammen?

Jetzt zum Griechischen. Diese eklige Sprache wird von Niemandem, aber von Niemandem auf der Welt gesprochen! … Zum Donnerwetter! Rentier will ich sein. Es tut gar nicht wohl, sich die Hosen auf den Bänken abzuwetzen, Herrje, Herrjemine!

Um also Stiefelputzer zu werden, um die Stellung eines Stiefelputzers zu erreichen, muß man durch ein Examen. Denn die Berufe, die man uns zuteilt, sind Schuhputzer oder Schweinehirt oder Ochsentreiber. Danke schön, möchte ich nicht sein, potztausend. Dabei bewilligen sie uns als Lohn Ohrfeigen, nennen uns Vieh, was gar nicht stimmt, blödes Kerlchen usw.

Verflixt nochmal! …«

(Fortsetzung folgt)

Arthur

Villon

Schularbeit

Karl von Orleans an Ludwig XI.

Sire! Die Zeit hat ihren Mantel aus Regen fallen lassen, des Sommers Quartiermacher sind da. Schlagen wir der Melancholei die Tür vor der Nase zu. Es lebe die Ballade und das Liebeslied, Moralität und Fidelität! Die Schreiber der Basoche mögen uns ihre verrückten Schnurren vorführen, hören wir uns die Moralität vom Gutberatenen und vom Schlechtberatenen an, auch die Bekehrung des Schreibers Theophilus und wie die Heiligen Petrus und Paulus nach Rom gingen und wie sie daselbst zu Märtyrern wurden. Ein Hoch allen Damen mit gefältelten Kragen, mit viel Putz und Stickerei. Nicht wahr, Sire, wenn die Himmel in Blau gekleidet sind und die helle Sonne scheint, ist es wunderschön, unter den Bäumen sanfte Ringelgedichte aufzusagen und Balladen mit lauter heller Stimme zu singen: »Ich habe einen Baum von der Pflanze der Liebe« oder »Einmal sagtet Ihr schon Ja, teure Frau« oder »Verliebter Reicher hat immer Glück« …

Wohl, das hat mich gewaltig ergötzt, und ebenso wird es Euch gehen, Sire. Meister François Villon, der gute Tollkopf, der liebe Spötter, der all dies bei Wasser und Brot, hinter Schloß und Riegel gereimt hat, weint und klagt noch in der Tiefe des Châtelet. Du wirst gehängt! hat man ihm notorisch verkündet. Und der verzweifelte arme Narr hat für sich und seine Genossen schon die Grabschrift verfaßt. Diese anmutigen Galane, deren Verse Ihr doch liebt, sollen nun auf Hügel Montfaucon tanzen, in Regen und Sonne, von den Vögeln mehr zerpickt als Fingerhüte.

O Sire! Nicht aus bloßem Übermut ist Villon dort. Solchen armen Geduldfressern wird es nicht leicht gemacht! Junge Geistliche, die ihre Berufung an die Universität erwarten, Zeitverträdler, Affenführer, Musikanten auf der Dreisaitengeige, die ihre Zechen mit Liedern bezahlen, Stallknechte, Zweitaler-Herren, Landsknechte, die den Kopf lieber in den Zinnbecher als in den Kriegshelm stecken, all diese Burschen, schwarz und trocken wie Ofenwischer, die das Brot nur in Schaufenstern sehen und sich die Fingerspitzen vom Winter einheizen lassen, haben den Meister François zum Vorbild erwählt. Ja, Not verdirbt die Menschen, Hunger macht den Wolf aus dem Wald springen. Vielleicht hat solch ein Scholar an einem Hungertage Kaldaunen aus dem Metzgerkübel genommen, um sie in der Schwemme Popin oder in der Schenke des Pestel zerhacken und schmoren zu lassen. Oder er hat beim Bäcker ein Dutzend Semmeln gemaust, vielleicht auch im »Tannenzapfen« für eine Kanne Bagneuxwein tauschweise eine Kanne klaren Wassers hingestellt. Oder er hat an einem ausgelassenen Abend in der »Zinnschüssel« den Nachtwächter verwamst, als der hinzukam. Wurden sie etwa zu Montfaucon mit 'nem Dutzend Huren bei einem durch Händel eroberten Nachtessen erwischt? Das sind jedenfalls die Missetaten des Meisters Villon.

Weiter: Da er uns einen fetten Domherrn zeigt, der mit seiner Dame im gutwattierten Zimmer schäkert; da er uns sagt, der Kaplan kümmere sich nicht ums Hören der Beichte außer bei Stubenmädchen und Ehefrauen; da er den Frömmlern sehr witzig rät, ihre Betrachtungen unter dem Bettvorhang anzustellen: so muß nun der wilde Student, der gute Lächler und Sänger, anmutig wie ein Lerchenfalke, in den Krallen der hohen Richter zittern, dieser furchtbaren schwarzen Vögel mit ihrem Gefolge von Raben und Elstern! Er und seine leichten Gesellen werden als ein neuartiger Rosenkranz an den Armen des Waldes hängen, und der Wind singt ihnen zum Rauschen des sanften Laubes Klagelieder vor. Ihr aber, Sire, werdet wie alle, die den Dichter lieben, künftig nicht mehr lachen können, höchstens indem ihr zugleich weint, wenn Ihr seine fröhlichen Balladen lest und Euch erinnert, daß man den famosen Schreiber, der so aus voller Kehle sang, aufhängen ließ. Und Ihr werdet die Melancholei dann nie wieder loswerden.

Ein Falschspieler, ein Räuber! Und doch ist Meister François das beste Kind dieser Welt. Er lacht über die fetten Suppen der Jakobiner; er ehrt, was Gottes Kirche in Ehren gehalten hat, und die Heilige Jungfrau und die Allerheiligste Dreifaltigkeit! Er ehrt die Parlamentsversammlung, die Mutter der guten und Schwester der gebenedeiten Engel. Den Lästerern des Königreichs Frankreich grollt er fast ebenso heftig wie den Schankwirten, die den Wein verwässern. Und ihm ist wahrhaft klargeworden, daß er sich in der Zeit seiner tollen Jugend zu toll aufgeführt hat.

An winterlichen Hungerabenden bei der Fontaine Maubuay oder irgendeinem verfallenen Fischteich, zusammengeduckt vor einem kleinen Feuer von Hanfstengeln, das manchmal aufflammt und sein mageres Gesicht rötet, denkt er, daß er ein Haus und ein weiches Lager haben könnte, wenn er studiert hätte! ... Häufig auch blickt er sanft geschwärzt wie ein Kaminfeger durch Astlöcher in die Wohnungen hinein: Oh, die leckeren saftigen Bissen, die Kuchen und Fladen, die goldigen fetten Hühner! Ich bin ausgehungert wie nicht mal Tantalus. Braten! Braten! Das riecht süßer als Ambra und Schnittlauch! Beaunewein in großen Silberkannen! Ha, mir brennt der Gaumen! Hätte ich nur studiert! ... Und meine Hosen, die haben allerhand Zungen, und der liebe Mantel macht all seine Fenster auf, und die Filzmütze hat Zähne wie eine Säge. Träfe ich doch einen gnädigen Alexander, damit ich, gut aufgenommen und gut entlassen, endlich nach Herzenslust singen könnte wie Orpheus, der süße Spielmann! Wenn ich nur einmal in Ehren leben könnte, bevor ich sterbe! ...

So aber – nichts als Gedichte zum Abendessen, Mondschein auf alten Dächern, Laternenschein auf dem Erdboden. Das ist mager, sehr mager. Dann gehen noch die lieblichen Dirnen in ihren engen Weiberröckchen vorbei und treiben so niedliche Dinge, um die Leute auf den Straßen anzulocken. Und das Elend angesichts der leuchtenden Schenken, wo die Trinker brüllen und mit den Zinnkrügen aufhauen oder auch mit den Flambergen beim Kreischen der Mädchen, beim schrillen Spiel der Bettlerfiedeln. Dazu der Jammer der alten schwarzen Gäßchen, wo Stockwerke und riesige Balken zu wechselseitiger Umarmung in die Straße vorspringen, wo in der dichten Nacht zwischen dem Klirren nachschleppender Degen Gelächter und scheußliches Gezänk umgeht … Und der Vogel kehrt ins alte Nest zurück: Alles den Schenken und Huren!

O Sire, in dieser frohen Zeit keine Federbesen gegen den Wind! Der Strick ist traurig im Mai, wenn alles singt und lacht, wenn die Sonne auf die schimmligsten Mauern strahlt. Gehängt, für einen Freitisch! Villon ist in den Händen des Parlamentshofes. Der Riesenrabe wird den kleinen Vogel nicht anhören. Sire, es wäre wahrhaftig mißgetan, so feine Schreiber aufzuknüpfen. Seht, diese Dichter sind nicht von hienieden. Gönnt ihnen ihr seltsames Leben, laßt sie laufen, laßt diese Menschen hungern und frieren, lieben und singen. Ebenso reich wie Jacques Cœur sind die verrückten Jungen, denn sie haben das Herz voller Reime, die lachen und weinen und uns zum Lachen und Weinen bringen. Laßt sie leben! Gott segnet alle Mitleidigen, und die Welt segnet die Dichter.

Die Einöden der Liebe

Fragmente des Sechzehnjährigen

Vorspruch

Diese Aufzeichnungen stammen von einem jungen, ganz jungen *Mann*, dessen Leben sich irgendwo abgespielt hat: ohne Mutter, ohne Heimat, ohne Neigung zum Vertrautsein, voller Abscheu gegen alle moralischen Zwänge. Man kennt dies schon bei manchen der bedauernswerten jungen Leute. Er aber war so verdrossen und verwirrt, daß er nichts anderes tat, als dem Ende zurücken, dem Tode immer näher wie einer schrecklichen verhängnisvollen Scham. Da er Frauen noch nicht geliebt hatte – obschon er ein junger blutvoller Mensch war! – verstieg sich seine Seele und sein Herz, all seine Kraft, zu sonderbaren und traurigen Irrtümern.

Aus den folgenden Träumereien – seinen Liebesabenteuern! – die in den Betten oder Straßen über ihn kamen, aus ihrem Fortgang und ihrem Abschluß könnten noch zarte Glaubensbetrachtungen entspringen. Erinnert euch an den dauernden Schlaf mohammedanischer Heiliger, tapferer Leute! rechtgläubiger Beschnittener!

Aber da dies wunderliche Leiden mit so beunruhigendem Gewicht auftritt, muß man ehrlich wünschen: Die unter uns allen verirrte junge Seele, anscheinend erfüllt von Verlangen nach dem Tode, möge in solchem Augenblick ernsthafte Tröstung finden und würdig sein.

I

Diesmal ist es die Frau, die ich in der Stadt sah, ich sprach sie an, und sie spricht mit mir.

In einem Zimmer ohne Licht befand ich mich. Ich erfuhr, daß sie da sei, und erblickte sie in meinem Bett, ganz bei mir, ohne Licht! Sehr erregt war ich und besonders, weil es in der Wohnung der Eltern geschah. Eine Herzensangst ergriff mich! Ich hatte einen zerlumpten Anzug an, und sie, eine Weltdame, die sich hingab, würde fortgehen müssen! Namenlose Beklemmung! Und ich nahm sie und ließ sie aus dem Bett fallen, beinahe nackt. In meiner unsäglichen Schwäche fiel ich auf sie und wälzte mich mit ihr über die Teppiche, ohne Licht. Die Lampe des Elternhauses glänzte rötlich durch alle Nebenzimmer eins nach dem andern durchleuchtend bis in meines herein.

Dann verschwand die Frau. Ich vergoß mehr Tränen als Gott je verlangen konnte.

Ich ging aus, in die endlose Stadt. O, müde! ertrinkend in der tauben Nacht und in der Flucht des Glücks! Es war wie eine Winternacht mit Schnee, sicherlich sollte die Welt darunter ersticken. Die Freunde, denen ich zurief: »Wo ist sie geblieben?«, antworteten falsch. Ich stand vor den Schaufenstern, zu denen sie allabendlich kommt. In einen unter dem Schnee begrabenen Garten wollte ich hineinlaufen, man stieß mich zurück. Ich weinte furchtbar über dies alles.

Zuletzt stieg ich an einen Ort hinunter, der voller Staub lag. Auf Brettern saß ich und ließ alle Tränen meines Leibes erst mit dieser Nacht enden.

Und diese erschöpfende Schwächung kehrte doch immer wieder.

Ich habe begriffen, daß sie ihrem alltäglichen Leben gehört und daß die Regung der Güte nur in noch weiteren Abständen wiederkehrt als ein Stern. Sie kam nicht. Und niemals wird sie wiederkommen, die Wunderbare, die mit mir zusammengewesen ist – ich war nicht darauf gefaßt.

Wirklich, da habe ich mehr als alle Kinder der Welt geweint!

II

Es ist bestimmt dieselbe Gegend auf dem Lande, dasselbe bäurische Haus meiner Eltern: der Saal mit fuchsroten Hirtenbildern über der Tür, mit Wappen und Löwen, das Eßzimmer altgetäfelt, der Tisch ist sehr groß, bestellt mit Kerzen und Weinen.

Die Hausmädchen! Es waren mehrere, soweit ich mich erinnere … Auch einer meiner Jugendfreunde von einstmals war da, Priester und wahrhaft priesterlich gekleidet, was jetzt dazu dient, um desto freier zu sein. Ich sehe noch sein purpurnes Zimmer mit Fensterscheiben aus gelbem Papier und die Bücher, versteckt, triefend vom Ozean!

Ich aber fühlte mich verlassen in diesem Hause, auf diesen endlosen Landflächen. Da las ich in der Küche oder trocknete den Schmutz an meinem Anzug vor allen Gästen, mitten im Salongespräch. Zu Tode rührte mich morgens das Flüstern der aufschäumenden Milch nach der Nacht des letzten Jahrhunderts.

Ich war in einem sehr dunklen Zimmer. Was tat ich dort? Ein Hausmädchen kam zu mir. Ich möchte sagen: wie ein Hündchen. Doch sie war schön und ging mit mir unsagbar fein und mütterlich um. Vertraut und rein, ganz entzückend war sie. Sie kniff mich in den Arm.

Und ich erinnere mich nicht einmal an ihr Gesicht. So weiß ich auch von ihrem Arm nichts mehr, dessen Haut ich zwischen meinen Fingern rieb, und nichts mehr von ihrem Mund, den sich der meine doch holte wie eine verzweifelte, unaufhörlich etwas untergrabende kleine Welle. Ich warf sie auf ein Korbsofa mit Kissen und Segeltuchdecken im finsteren Winkel und erinnere mich nur noch an ihre Hose mit weißen Spitzen.

Dann, o Verzweiflung, wurde schwankend die Wand zum Schatten von Bäumen, und ich versank tief in der Liebestraurigkeit der Nacht.

Die Erleuchtungen

Dichtungen in Prosa

Nach der Sintflut

Als der Gedanke der Sintflut sich wieder gelegt hatte,

Stand ein Hase zwischen den Schmetterlingsblütlern und den wiegenden Glockenblumen still und sprach, durch den Schleier der Spinne hindurch, sein Gebet zum Regenbogen.

O! Die Edelsteine, die sich noch verbargen, – die Blumen, die schon aufblickten.

An der schmutzigen Hauptstraße wurden die Fleischbänke wieder aufgemacht, und man zog die Barken ans Meer, das sich zur Ferne emporstockte wie auf Gemälden.

Blut wurde wieder vergossen, beim Blaubart, in den Schlachthäusern, in jenen Zirkussen, wo Gottes Siegel die Fenster blind macht. Blut und Milch flossen.

Die Biber bauten. Der Mazagrankaffee dampfte in den Wirtschaften.

In dem großen, noch triefenden Glashause besahen die hinterbliebenen Kinder in Trauerkleidung wundersame Bilder.

Eine Tür knallte; und auf dem Dorfplatz schwenkte ein Knabe die Arme, sehr wohl verstanden von den Wetterfahnen und Hähnen rings auf den Kirchtürmen, im graupelnden Aprilwetter.

Frau Soundso stellte ein Klavier in den Alpen auf. Die Messe und die Erstkommunionen fanden wieder statt an den hunderttausend Altären der Kathedrale.

Die Karawanen brachen auf. Und das Splendid-Hotel wurde im Chaos von Eis und Nacht am Nordpol errichtet.

Dann hörte der Mond die Schakale in den Thymianwüsten jaulen, die Hirtengedichte kreisten in Holzschuhen durch ihre Obstgärten. Im violetten Hochwald zwischen den Knospen sagte mir Eucharis, es sei der Frühling:

Schwill an, Teich – schäume du auch einmal über die Brücke und durchrolle die Wälder – schwarze Laken und Orgeln, Blitze und Donner, schwellt und grollt – Gewässer und Traurigkeiten, entrollt euch und wiederholt die Sintfluten.

Denn seit sie sich verlaufen haben –: o, die verschlammten Edelsteine und die entblößten Blumen! Es ist eine Qual! Und die Königin, die Zauberin, die ihre Herdglut im irdenen Topf entzündet, wird uns nie mehr die Geheimnisse erzählen, all das, was sie weiß und wir nicht.

Szenen

Das alte Bühnenspiel ordnet seine Einklänge, verteilt seine Idyllen:

Ganze Boulevards von Schaugerüsten.

Eine lange Holzstange vom einen Ende zum andern eines steinigen Feldes, wo die barbarische Menge unter entblätterten Bäumen wimmelt.

In schwarzen Gazegängen, folgend dem Schritt der mit Laternen und belaubten Zweigen Einspazierenden,

Lassen sich Komödie spielende Vögel auf einen gemauerten Ponton nieder, den ein Inselmeer voller sich einschiffender Zuschauer bewegt.

Lyrische Szenen, begleitet von Flöte und Trommel, neigen sich hinein in Nischen, die, an den Decken eingenistet, rings um die Salons moderner Klubs oder um altorientalische Säle liegen.

Das Feenstück spielt auf dem Gipfel eines Amphitheaters, gekrönt von Hecken – oder es gestikuliert und moduliert für die Böotier im Schatten der sich bewegenden Baumreihen, auf dem Grat der Kulturen.

Die Komische Oper trennt sich in unserem Theater mit seinen Scheidewänden in zehn Abteilungen von der Galerie bis zu den Rampenlichtern.

Barbarisch

Recht lange nach den Tagen und Jahreszeiten und nach den Wesen und Ländern:

Die Flagge aus blutigem Fleisch über der Seide der Meere und arktischen Blumen (sie sind nicht wirklich) –

Erlöst von den alten Fanfaren des Heldentums – die noch unser Herz und Haupt bekriegen – fern den Mördern von einst,

– O! Die Flagge aus blutigem Fleisch über der Seide der Meere und nordischen Blumen (sie sind nicht) –

Süßigkeiten!

Die Gluten, einregnend in die rauhen Frostböen – Süßigkeiten! – Diese Feuer im Diamantenregenwind, brausend durch das ewig für uns verkohlte Erdenherz. – O Welt!

(Ferne den abgetanen Zapfenstreichen und abgetanen Fackelzügen, die man noch hört, die man noch riecht)

Die Gluten und die Schäume. Die Musik, Schwenkung der Schlünde und Stoß der Eisschollen an die Sterne.

O Süßigkeiten, o Welt, o Musik! Und dort, verschwimmend die Formen, Haarsträhnen, Schweißperlen, Augen. Und die weißen Tränen, siedend – o Süßigkeiten! –, und die weibliche Stimme, die anlangt am Boden der Vulkane und arktischen Grotten … – Die Flagge …

Er ist die Leidenschaft und die Gegenwart, denn er hat das Haus aufgetan dem schäumenden Winter wie dem Aufruhr des Sommers – er, der die Getränke und die Speisen gereinigt hat – der Zauber der vorüberfliehenden Städte und die übermenschliche Lust der Aufenthalte. Er ist die Zuneigung und die Zukunft, die Gewalt und die Liebe; und, aufrecht in den Feindseligkeiten und Verdrüssen, zieht er vor unsern Blicken hin durch den Sturmhimmel, durch den Fahnenschwall der Begeisterung.

Er ist die Liebe, vollkommenes und wieder erfundenes Maß, wunderbare ungeahnte Vernunft und die Ewigkeit: eine Maschine, geliebt vom Wesen des Schicksals. Wir alle haben den Schrecken seiner Verleihung erfahren und unserer Beleihung. O Wohlgefühl unserer Gesundheit, Schwung unserer Gaben, selbstsüchtige und sehnsüchtige Zuneigung zu ihm, der uns liebt für sein unendliches Leben …

Und wir denken an ihn, und er macht sich auf die Fahrt …

Und wenn unsere Anbetung fliehen will, läutet es, seine Verheißung läutet: »Weg mit den Aberglauben! Weg mit den brüchigen Körpern, Häuslichkeiten, Zeitaltern! Diese Epoche ist gescheitert!«

Er muß sich nicht aufmachen und noch einmal aus einem Himmel herniedersteigen und vollziehen die Erlösung der Frauen von ihren Wallungen und der Männer von ihren Belustigungen und von aller Sünde: Denn es ist getan, da er ist und da er geliebt wird.

O seine Atemzüge, seine Stirnen, seine Läufe, die entsetzliche Geschwindigkeit in der Vollendung der Formen und der Taten.

O Fruchtbarkeit des Geistes, Unermeßlichkeit der Welt!

Sein Körper! Die Lösung im Traum, das Zerbrechen der von neuer Gewalt gekreuzten Gnade!

Sein Anblick! Sein Anblick! Alle Kniefälle von damals und die Strafen, erlassen seinen Anhängern!

Sein Tag! Die Abschaffung all der wohlklingenden und erschütternden Leiden, durch eine dichtere Musik!

Sein Schritt! Wanderungen, ungeheurer als die Ureinbrüche …

O, er und wir! Ein Stolz, gütiger als die verlorenen Barmherzigkeiten.

Welt! Und heller Gesang der neuen Unheile!

Er hat uns alle gekannt und uns alle geliebt: Wir wollen in dieser Winternacht von Kap zu Kap, von Menge zu Meer, vom tobenden Pol zum festen Schloß, von Blick zu Blick Gefühl und Gewalt entspannt – wir wollen ihn anrufen und betrachten und wieder entlassen und unter den Fluten und auf Schneewüstengipfeln seinem Anblick folgen – seinen Atemzügen – seinem Körper – seinem Tag.

Mystisch

Am Hügelhang wirbeln die Engel ihre wolligen Gewänder durch das stählerne smaragdfarbene Gras.

Wiesen von Flammen greifen bis zur Kuppe hinauf. Die Blumenerde des seitlichen Grates ist zerstampft von allen Schlachten und Menschenmorden, und jedes Geräusch des Unheils schlägt dort seine Wellen. Auf der andern Seite die Kurven der Aufstiege, der Fortschritte.

Und während am oberen Rand des Bildes der brausende Lärm der Meermuscheln und der Menschennächte emporkreist,

Sinkt die blühende Sanftmut der Sterne, des Himmels und der weiteren Welt am Hang des Hügels wie ein Panier auf unser Gesicht nieder und macht den Abgrund blühen, macht die Tiefe blau.

Wagenspuren

Zur Rechten erweckt das Sommermorgenrot die Blätter und die Dünste und die Geräusche dieses Parkwinkels. Die abfallenden Wege zur Linken halten in ihrem violetten Schatten auf dem feuchten Boden tausend rasche Wagengeleise fest. Feenstücke fahren darin vorüber. Wahrhaftig: Karren, beladen mit Tieren aus vergoldetem Holz, mit Stangen und buntscheckigen Leinwänden, im gestreckten Galopp von zwanzig gesprenkelten Zirkuspferden, und die Kinder und die Männer auf ihren ganz erstaunlichen Tieren – zwanzig zerbeulte Fuhrwerke, bewimpelt und bekränzt wie Karossen in der alten Zeit oder in den Märchen, voller Kinder, aufgeputzt für ein Vorstadtfest im Freien.

Auch Särge kommen, sie wölben unter dem Nachtbaldachin ihre Ebenholzwände, sie streichen im Trott der großen blauen und schwarzen Stuten vorbei.

Blumen

Auf einem goldenen Aufsatz – zwischen Seidenschnüren, grauen Floren, grünen Samten und kristallenen, wie Bronze in der Sonne sich verfinsternden Wurfscheiben – sehe ich die Fingerhutstaude aufgehen, in einem Gewebe von Augen und Haarsträhnen aus Silberfiligran.

Stücke gelben Goldes, auf Achatstein verstreut, Mahagonipfeiler, tragend eine smaragdene Kuppel, weiße Atlassträuße und feine Rubinruten umringen die Wasserrose.

Gleich einem Gott mit ungeheuren blauen Augen und Schneegliedern wälzt das Meer und wälzt der Himmel Haufen junger starker Rosen an die Marmorterrassen.

Antike

Pans anmutiger Sohn! Deine mit Blüten und Beeren umflochtene Stirn durchfliegen deine Augen, wunderbare Kugeln. Es runden sich die Backen, gefleckt mit brauner Flechte. Deine Hakenzähne leuchten. Wie eine Kithara schweift sich die Brust, es kreisen die Klänge durch deine blonden Arme. Dein Herz pocht in einem Leibe, darin doppeltes Geschlecht schlummert. Wandle, nachts, leise regend die Glieder, den Schenkel, den andern Schenkel und das links getragene Glied.

H.

Alles Unförmige vergewaltigt die entsetzlichen Gebärden der Hortense. Ihre Einsamkeit ist die erotische Mechanik, ihre Ermattung die Dynamik der Liebe. Unter dem Schutze der Kindheit war sie vielen Zeitaltern eine feurige Hygiene der Rassen. Ihre Tür steht dem Elend offen. Da löst sich die Sittenlehre gegenwärtiger Lebewesen in ihrer Leidenschaftlichkeit, in ihrer Tätigkeit. – O grausiges Schaudern der erstberührten Liebe auf blutigem Boden und beim Scheine von Leuchtgas! – Findet Hortense!

An eine Vernunft

Ein Schlag mit deinem Finger auf das Trommelfell entfesselt alle Töne, und so beginnt die neue Harmonie.

Ein Schritt von dir ist die Erhebung der neuen Menschen und ihr Vorwärts.

Dein Kopf wendet sich ab, und die neue Liebe ist da! Dein Kopf wendet sich um: die neue Liebe!

»Wandle unsere Schicksale, siebe die Plagen, vor allem die Zeit!« so singen dich die Kinder an. »Errichte, wo es auch sei, den Wesensbau unseres Glückes, unserer Wünsche!« so bittet man dich.

Du, die Ankunft von jeher, bist Aufbruch überallhin.

Kann es sein, daß sie mich dazu bringt, die unaufhörliche Zerstörung aller Ehrgeize zu vergeben – daß ein leichtes Ende gutmacht die langen Zeiten der Armut – daß ein Tag des Erfolges uns einschläfert auf dem schändlichen Lager unserer Schicksalsuntüchtigkeit?

(O Palmen! Diamant! – Liebe! Stärke! – Ihr, höher als Freuden und Rühme – jeder Art, überall – Teufel, Gott – Jugend dieses Wesens Ich!)

Könnte man die Erscheinungen des wissenschaftlichen Zaubers und die Regungen der sozialen Verbrüderung als eine fortschreitende Wiederkunft des ursprünglichen Freimuts betrachten? …

Doch der Vampyr, der uns artig macht, gebietet uns Vergnügen an dem, was er uns läßt, oder gebietet uns, sonstwie lustiger zu werden.

Mit unsern Wunden hinrollen durch die ermattende Luft und durchs Meer; mit unsern Schmerzen durch das mörderische Schweigen der Wasser und der Luft; mit unsern Martern, die in ihrem schauerlich hohlgehenden Stillschweigen lachen.

O mein mein Gut! O mein mein Schön! Greller Trompetenstoß, bei dem ich nicht strauchle! Zauberhafte Zurüstung! Ein Hurra dem unerhörten Werk, zum ersten Mal, und dem Wunder des Leibes! Es begann mit Kinderlachen, es wird damit auch enden. Dies Gift bleibt in unsern Adern, selbst wenn wir bei zurückrufender Fanfare wieder dem alten Mißklang verfallen.

O jetzt! dieser Martern so würdig – weisen wir inbrünstig hin auf das übermenschliche Versprechen, das man unserem Körper und Geist bei ihrer Erschaffung mitgab – das wahnsinnige Versprechen: Eleganz, Wissen, Macht! Man versprach uns, den Baum des Guten und Bösen im Dunkeln zu bestatten, die Tyrannei der Sittengesetze zu verbannen, damit wir die reine Liebe heraufführen könnten. Das begann mit einigen Widerwärtigkeiten und endet (weil es uns nicht auf der Stelle mit der Ewigkeit ergreifen kann), es endet mit einem Gewühl von Düften.

Gelächter der Kinder, Bescheidenheit der Sklaven, Herbheit der Jungfrauen, Greuel der Gesichter und Dinge hienieden, geheiligt seid durch die Erinnerung an diese Nachtwache. Das begann mit aller Roheit, und siehe, es schließt mit Engeln aus Feuer und Eis.

Kleine Nachtwache der Trunkenheit! heilige, und wäre es auch nur um der Maske willen, die du uns verliehest! Wir bekräftigen dich, Ordnung! Es entgeht uns nicht, daß du bisher jedes unserer Zeitalter herrlich gemacht hast. Wir glauben an das Gift. Wir verstehen uns darauf, unser Leben alltäglich ganz und gar einzusetzen.

Es ist die Zeit der MÖRDER.

Morgenröte

Ich habe des Sommers Morgenröte umarmt.

Nichts regte sich noch an der Stirn der Paläste. Das Wasser lag tot. Die Lager der Schatten rückten noch nicht von der Waldstraße weiter. Ich weckte im Gehen die lebendigen lauen Hauche, die edlen Tropfen äugten, und Flügel hoben sich geräuschlos.

Mein erstes Abenteuer auf dem mit frischen weißen Strahlen erfüllten Wege war eine Blume, die mir ihren Namen sagte. Ich lachte am Wasserfall, der sich zwischen den Tannen zerzauste.

Auf silbernem Gipfel erkannte ich die Göttliche.

Da hob ich ihre Schleier, einen nach dem andern, meine Arme wirbelten herum in der Allee. Dann ging es durchs flache Land, wo ich sie dem Hahn verriet. In der großen Stadt flüchtete sie zwischen die Kirchenkuppeln, in die Glockentürme. Wie ein Bettler rannte ich, sie verfolgend, über die Marmorkais.

Am Ende der Straße nahe einem Lorbeerhain ergriff ich sie an ihren gehäuften Schleiern, und ich fühlte ein wenig ihren ungeheuren Körper. Da sanken die Morgenröte und das Kind hin, auf den Boden des Haines.

Beim Erwachen war es Mittag.

Wenn die Welt unter vier erstaunten Augen auf einen einzigen schwarzen Wald zurückgeführt sein wird – auf eine Küste für zwei gläubige Kinder – auf ein tönendes Haus für unsere reinste Zuneigung –: werde ich dich finden.

Gäbe es hienieden nur noch einen einzigen Greis, schön und ruhevoll, von unerhörter Üppigkeit umgeben – und ich liege vor dir auf den Knien!

Hätte ich all deine Erinnerungen verwirklicht – wäre ich die, welche dich zu knebeln weiß –: ich erstickte dich.

Wenn wir sehr stark sind: wer weicht zurück? – sehr froh: wer verfällt dann der Lächerlichkeit?

Wenn wir sehr schlecht sind – was kann man aus uns machen?

Schmückt euch, tanzt, lacht. Niemals werde ich die Liebe auf die Straße hinauswerfen.

Meine Genossin, Bettlerin, ungeheuerliches Kind, wie gleichgültig ist dir alles, die unglücklichen Frauen oder die Tagelöhner oder meine Pein. Schließe dich uns an mit deiner unglaublichen Stimme, deiner Stimme! einzig versüßend diese widrige Verzweiflung.

Ein bedeckter Morgenhimmel im Juli. Geschmack von Asche fliegt durch die Luft – Geruch von Holz, das im Herde schwitzt – angebrannte Blumen – die Verheerung der

Spazierwege – das Rieseln der Gräben durch die Felder – warum nicht schon zum Fest Spielzeug und Weihrauch?

Ich habe Seile von Kirchturm zu Kirchturm gespannt, Girlanden von Fenster zu Fenster, goldene Ketten von Gestirn zu Gestirn, und ich tanze.

Der tiefe Weiher raucht unaufhörlich. Weiche Hexe will sich auf dem weißen Sonnenuntergang erheben? Welch violettes Blattwerk will abfallen?

Während man die öffentlichen Gelder in Verbrüderungsfesten verpulvert, läutet eine rosige Feuerglocke im Gewölk.

Erfrischend, wie mit angenehmem Geruch von chinesischer Tusche, duscht ein schwarzer Puder sanft auf mein nächtliches Wachen herab. – Ich dämpfe das Licht des Kronleuchters, ich werfe mich aufs Bett, und umgewandt zur verschatteten Seite sehe ich euch, meine Mädchen, meine Herrinnen!

*

Die Kaskade läutet hinter Hütten wie aus der Komischen Oper. Lampengirlanden hängen in den Obstgärten und in den Alleen den geschlängelten Wasserlauf entlang, die grünen und die roten Lampions des Sonnenuntergangs. Horazische Nymphen in Haartrachten des ersten Kaiserreichs. Sibirische Rundtänze, Chinesische Spiele von Boucher.

Gewöhnliches Nachtstück

Ein Lufthauch öffnet in den Wänden opernhafte Durchblicke – rüttelt am Sparrenwerk der zermürbten Dächer – verschiebt den Rand der Gänge – verdunkelt die Scheiben zwischen ihren Fensterkreuzen.

Durch den Weinberg, mit dem Fuß eine Rinne entlang tastend, bin ich hinabgestiegen – bis in eine Karosse hinein, deren Alter sich an den gewölbten Fenstern, geschweiften Füllungen und gewundenen Sitzen deutlich zeigt. Leichenwagen meines Schlafs, ganz für sich, Schäferhaus meiner Närrischkeit – so schlingert dies Fahrzeug über das Gras der verwischten Landstraße: – und in einer Glasblase oben in der rechten Fensterscheibe drehten sich die fahlen Mondgestalten vorbei, Gesichter, Blätter, Brüste.

– Ein Grün und ein Blau, sehr dunkle Farben brechen in das Bild ein.

Abgeschirrt in der Gegend einer Kiesgrube.

– Hierher läuft man, um den Sturm herbeizupfeifen und die Sodoms und Jerusalems, die wilden Tiere und die Armeen.

(Werden Postillon und Traumgespann weiterfahren durch die atemraubenden Hochwälder, um mich bis zu den Augen in die seidene Quelle einzutauchen?)

Und hierher läuft man, um sich durch die klatschenden Gewässer hindurchzupeitschen, durch die vergossenen Getränke, und man rollt hin beim Gebell der Doggen …

– Ein Lufthauch verweht die Grenzen des Raums.

Nachtwachen

I

Dies ist das geklärte Ruhen, nicht Fieber noch Gleichgültigkeit, auf dem Bett oder auf der Wiese.

Es ist der Freund, weder heftig noch schwächlich. Der Freund.

Es ist die Geliebte, weder quälend noch gequält. Die Geliebte.

Die Luft und die Welt, ungesucht. Das Leben.

– War es also dies?

– Und der Traum wird frischer.

II

Das Licht befaßt sich wieder mit diesem Baume des Baus. An den beiden Enden des Saals laufen irgendwelche Verzierungen zusammen, harmonische Erhöhungen. Die Wand gegenüber dem Wachenden ist eine psychologische Folge von Pokalen, Friesen, atmosphärischen Bändern und geologischen Unebenheiten.

Gespannter rascher Traum von gefühlvollen Gruppen, mit Wesen jeder Art und jeden Auftretens.

III

Die Lampen und die Teppiche meines Wachens vollführen das Geräusch der Wellen in der Nacht, längs der Schale des Bootes und rings um den Kurs.

Das Meer des Wachens, gleich den Brüsten der Amélie.

Die Wandbehänge bis zur halben Höhe: Gesträuch von smaragden gefärbter Spitze, darin schwirren die Turteltauben der Nachtwache …

Die Platten des schwarzen Herdes, wahrhafte Meeresstrandsonnen: o! Brunnen der Magien; diesmal einzige Sicht der Morgenröte.

IV

Du bist noch bei der Versuchung des heiligen Antonius. Ausgelassene Sprünge eines gestutzten Eifers, Zuckungen kindischen Stolzes, Schwächung und Schrecken.

Aber du wirst dich an die Arbeit machen. Alle Möglichkeiten von Klängen und Bauten werden deinen Sessel umwimmeln. Vollkommene, nie geahnte Wesen bieten sich für deine Versuche an. Deinem Umkreis wird träumerisch zuströmen die Neugier der alten Massen und der üppigen Müßiggänger. Dein Gedächtnis und deine Sinne werden nur Nahrung deines schöpferischen Triebes sein.

Was aber wird aus der Welt, wenn du fortgehst? Jedenfalls bleibt von der aktuellen Erscheinung nichts übrig.

Kindheit

I

Götzenbild, schwarze Augen und gelbe Mähne, ohne Eltern und Heim, vornehmer als das mexikanische und flämische Märchen: Sein Bezirk, maßloses Azurblau und Grün, erstreckt sich über berühmte Küsten, über Fluten ohne Schiffe mit gewaltig griechischen, slavischen, keltischen Namen.

Am Waldsaum (die Traumblumen klingen, knospen, funkeln) kreuzt das Mädchen mit den Orangelippen ihre Knie inmitten der lichten Sintflut, die aus den Wiesen quillt, Nacktheit, beschattet, bekleidet und durchschwungen von den Regenbogen, von allen Blüten, vom Meer.

Damen, die auf den Terrassen dicht am Meer hinwirbeln, Mägdlein und Riesinnen, herrliche Negerinnen im graugrünen Moos, Kleinodien, aufgestellt auf dem fetten Boden der Lustwäldchen und betauten Gärten – junge Mütter und große Schwestern mit Augen voller Wallfahrten, und Sultaninnen, Prinzessinnen, herrisch in Gang und Tracht, fremde kleine Frauen und sanft unglückliche.

Aber die Stunde des »geliebten Körpers« und »teuren Herzens« –: nur Verdruß!

II

Da liegt die kleine Tote hinter den Rosenstöcken. – Die abgeschiedene junge Mama kommt die Freitreppe herab. – Des Vetters Kutsche knirscht über den Kies. – Der kleine Bruder dort (er ist in Indien!) steht auf dem Nelkenbeet vor dem Sonnenuntergang. – Die Alten, beerdigt in gerader Haltung, unter einem Wall von Levkojen.

Ein Schwarm goldener Blätter umsirrt das Haus des Generals. Sie sind im Süden. – Auf der roten Straße gelangt man zur leeren Herberge. Das Schloß ist zu verkaufen; herabgelassene Rolläden. – Den Schlüssel zur Kirche wird der Pfarrer an sich genommen haben. – Unbewohnt die Wächterhäuschen rund um den Park. Die Umzäunung ist so hoch, daß man nur die rauschenden Wipfel erblickt. Sonst ist drinnen nichts mehr zu bemerken.

Die Wiesen steigen an zu Ortschaften ohne Schmieden, ohne Hähne. Die Schleuse ist aufgezogen. Und die Kalvarienkreuze und die Mühlen der Öde, die Gruppen der Häuser und Heuschober!

III

Magische Blumen summten. Die Böschung schaukelte sie. Herumspazierten Tiere von märchenhafter Eleganz. Gewölk häufte sich über der hohen See, die aus einer Ewigkeit warmer Tränen entstanden ist.

IV

Im Wald ist ein Vogel, sein Gesang hält dich an und macht dich erröten.

Eine Uhr ist, die nicht schlägt.

Ein Schneeloch ist, mit einem Nest weißer Tiere.

Eine Kathedrale ist, die herniedertaucht, und ein See, der emporwächst.

Ein kleiner Wagen ist, der verlassen im Busch steht, oder er läuft den Pfad hinunter mit fliegenden Bändern.

Da ist auch eine Truppe kleiner Schauspieler im Kostüm, man sieht sie auf der Straße, die den Waldsaum durchschneidet.

Und endlich da ist jemand, der dich, wenn du Durst und Hunger hast, wegjagt.

V

Ich bin der Heilige im Gebet auf der Terrasse, wenn die Tiere weiden bis zum Meer von Palästina.

Ich bin der Weise im dunklen Stuhl. Geäst und Regen schlägt an die Scheiben des Bücherzimmers.

Ich bin der Wanderer auf der Landstraße durch die Zwergwälder, das Schäumen der Schleusen übertönt meine Tritte. Lange schaue ich in die schwermütige Goldlauge des Abends.

Ich könnte wohl das Kind sein, einsam und verlassen, auf jener in die hohe See hinausfahrenden Mole. Ich könnte auch als der kleine Diener die Allee entlang gehen, deren Stirn den Himmel berührt.

Spröde sind die Wege. Die Hügel füllen sich mit Ginster. Regungslos die Luft. Wie fern sind die Vögel und die Quellen! Es kann nur das Ende der Welt sein, das nunmehr kommt.

VI

Lobt mir endlich das Grab, das, mit Kalk geweißt, mit zementenen Rändern abgegrenzt – sehr tief in der Erde liegt.

Ich stütze die Ellbogen auf den Tisch, hell scheint die Lampe auf die Bücher, die mich garnicht reizen, und auf die Zeitungen; ich bin so dumm, sie immer wieder zu lesen.

In gewaltiger Höhe über meinem unterirdischen Salon stehen die Häuser eingepflanzt, und die Nebel drängen. Der Schmutz ist rot oder schwarz. Stadtungeheuer, Nacht ohne Ende!

Weniger hoch sickern Abwässer. Seitwärts nur die Dicke der Erdkugel. Vielleicht azurene Schluchten, Feuerschächte? Auf dieser Ebene treffen sich wohl Monde und Kometen, Ozeane und Märchen.

In Stunden der Bitterkeit denke ich mir dann Kugeln aus Saphir, aus Metall. Der Meister des Schweigens bin ich. Weshalb sollte auch nur die Spur eines Luftlochs im Winkel des Gewölbes dämmern?

Städte

I

Das sind Städte! Ein Volk, für das sich diese Alleghanyberge und Libanons aus Traum aufgetürmt haben! Almhütten aus Kristall und Holz bewegen sich auf unsichtbaren Schienen und Rollen. Die alten Krater, mit einem Gürtel von kupfernen Ungetümen und Palmbäumen, brüllen melodisch im Feuer. Liebesfeste musizieren in den hängenden Kanälen hinter den Villen. Der Lauf der Glockenspiele jagt schreiend durch die Schluchten. Vereine von riesenhaften Sängern nahen in greller Kleidung, mit Oriflammenfahnen, glühend wie abendliche Gipfel. Auf den Plattformen, inmitten der Schlünde trompeten die Rolande ihren Heldenmut aus. Es bewimpeln sich alle Masten mit Himmelsglut, auf den Stegen, die über die Abgründe führen, und auf den Wirtshausdächern.

Der Zusammenbruch sämtlicher alten Vergötterungen erreicht endlich auch die obersten Lagen, wo engelhafte Zentaurinnen zwischen den Lawinen umhersprengen. Über den höchsten Graten wogt ein Meer, erregt von der ewigen Geburt der Venus, bedeckt mit orphischen Flotten. Mitten im Perlenrauschen kostbarer Muscheln verfinstern manchmal tödliche Ausbrüche das Meer. An den Hängen der Stadt brausen Erntefelder von Blumen, von Gewächsen groß wie Wappen und Pokale. Feenzüge steigen in rötlichen, in opalenen Kleidern die Felsen hinan. Oben, mit den Füßen im Wasserfall und Dorngestrüpp, säugen Hirsche das Mädchen Diana. Die Bacchanten der Bannmeile schluchzen, der Mond brennt und heult. In die Höhlen der Schmiede und der Einsiedler tritt jetzt die Liebesgöttin. Von den allenthalben gruppierten Warten herab verkündet man die Gedanken der Völker. Großartige Bauten aus Gebein lassen eine noch unbekannte Musik in die Welt hinausgehen. Da regen sich alle Legenden, Begeisterung dringt bis in die Marktflecken. Das Paradies der Orkane stürzt ein. Ohne Pause tanzen die Wilden das Fest der Nacht.

Und ich bin zur Stunde hinabgestiegen ins Getümmel eines Boulevards von Bagdad, woselbst die Körperschaften der Einwohner den freudigen Vormarsch der neuen Arbeit sangen, in bedrückender Luft. Trotzdem erloschen nicht die märchenhaften Erscheinungen der Gipfel, an denen man sich wiederfinden konnte.

Welch guter Arm, welche schöne Stunde gibt mir diese Stätte zurück, der mein Schlummer und meine geringsten Regungen entstammen?

Fairy

Für Helena verschworen sich alle ziervollen Säfte aus dem jungfräulichen Dunkel und das unnahbare Geleucht des Sternenschweigens. Die Glut des Sommers wurde stummen Vögeln anvertraut, und die ersehnte Lässigkeit erschien in einer Trauerbarke, unschätzbar durch ihren Behang mit geschwächten Düften und erstorbenen Lieben.

– Es war nach dem Liede der Holzhauerfrauen zum Getöse des Sturzbaches zwischen den Ruinen des Waldes, nach dem Brüllen des Viehs im Tal-Echo und nach den Schreien der Steppe –

Für die Kindheit der Helena erschauerten Dickichte und Schatten, der Busen der armen Leute und die himmlischen Legenden,

Und ihre Augen und ihr Tanz überwanden auch die kostbarste teuerste Pracht, auch die Wirkungen des Frostes, überlegen dem Genuß jedes Schmuckes und jeder Stunde.

Vor einer Schneelandschaft ein Schönheitswesen von hohem Wuchs. Aus Zischeln des Todes und Kreisen dumpfer Musik steigt, dehnt sich, zittert wie ein Gespenst der göttliche Körper. Scharlachene und schwarze Wunden klaffen in dem herrlichen Fleisch.

Die eigenen Farben seines Lebens verdunkeln sich, sie lösen sich tänzelnd rings von der Erscheinung an der Stätte des Entstehens.

Und die Schauer schwellen an und werden Donner, und der tolle Geschmack dieses Spiels, schwerer vom tödlichen Zischeln und von der rauhen Musik, die weit hinter uns die Welt auf unsere Mutter Schönheit schleudert, sie weicht zurück, sie richtet sich auf. – Siehe, unser Gebein ist mit einem neuen Liebesleib bekleidet.

O das aschblonde Antlitz, das Haar wie eines Käfers Rückenschild, die Arme von Kristall! Die heilige Satzung, der ich mich unterwerfen muß, durchdringend die Wirrnis der Bäume und der leichten Luft.

Städte

II

Die amtliche Akropolis zwischen kolossalsten Schöpfungen der modernen Barbarei: Unmöglich, dies matte Licht eines so regungslos grauen Himmels wiederzugeben, den kaiserlichen Schwulst der Bauten und den Boden mit dauerndem Schnee! Ein ungeheuerlicher Geschmack hat hier die klassischen Wunder der Baukunst nachgeahmt und abgeklatscht. Und Gemäldegalerien besuchte ich, in Lokalen von wüster Ausdehnung, zwanzigmal so groß wie Hampton-Court. Das ist Malerei! Ein norwegischer Nebukadnezar hat diese Treppen in den Ministerien entworfen. Die Unterbeamten, die ich sehen durfte, sind wohl stolzer als Brennus. Ich erzitterte beim Anblick der Wächter vor den Kolossen und der Bauaufseher. Die Anordnung der Stadt, mit Squares, Höfen und geschlossenen Terrassen, entzückt auch die Kutscher. Die Parke stellen die einfache Natur kunstvoll bearbeitet dar.

Unerklärliche Teile hat die obere Stadt: Da erstreckt sich leer von Schiffen ein Meeresarm wie aus blauem Glaskies zwischen den mit Riesenkandelabern bestandenen Kais. Eine kurze Brücke führt zu dem Tor gerade unter der Kuppel der Sainte-Chapelle. Sie hat einen stählernen Helm, künstlerisch verziert, ihr Durchmesser ist etwa fünfzehntausend Fuß. Von einigen Stellen der kupfernen Überbrückungen und von den Plattformen und Hallenstufen aus meinte ich die Tiefe dieser Stadt schätzen zu können. Eine seltsame Sache, mit der ich nicht zurechtkam: Wo liegt die Sohle der anderen Viertel, über oder unter der Akropolis? Wer fremd ist in unserer Zeit, wird sich darin niemals auskennen.

Der Geschäftsbezirk bildet einen stilistisch geschlossenen Zirkusrundbau mit Galerien, mit Arkaden. Man sieht keine Läden, doch der Schnee auf dem Damm ist vom Verkehr lebhaft gerädert. Einige Nabobs kommen, aber sie sind so selten wie Spaziergänger in London am Sonntagmorgen. Sie begeben sich zur Diamantenbörse. Auf Diwans von rotem Samt sitzt man und wird mit polaren Getränken bedient, deren Preis zwischen achthundert und achttausend Rupien schwankt. Bei dem Gedanken, ob ich in dieser Zirkusrotunde nach Theatern suchen soll, sage ich mir: die Geschäftsräume werden schon ihre düsteren Dramen enthalten. Ich vermute, es ist hier auch Polizei vorhanden. Aber die Gesetzgebung kann derartig seltsam sein, daß ich mir die hiesigen Abenteurer lieber nicht vorstellen möchte.

Die Vorstadt, elegant wie eine schöne Pariser Straße, ist mit einer wahren Lichtluft gesegnet. Das demokratische Element zählt einige hundert Seelen. Die Häuser folgen einander noch nicht in Reih und Glied. Wunderlich geht die Vorstadt ins Land über, in die »Grafschaft«. Sie beherrscht das ewige Abendland der Wälder und der verschwenderischen Pflanzungen, wo die wilden Edelleute im selbstgeschaffenen glanzvollen Luxuslicht ihren Chroniken nachjagen.

Metropolitisch

Von der Indigo-Meerenge bis zu den Ozeanen Ossians, auf dem rosigen und orangenen und vom weinroten Himmel gewaschenen Sande, steigen einander kreuzend kristallene Boulevards empor. Sie werden unverzüglich von jungen armen Familien besiedelt, die sich ihre Lebensmittel nur bei Fruchthändlern holen. Nirgends Reichtum. – Die Stadt.

Aus der Erdpechwüste flüchten zusammen mit den am Himmel gestaffelten Dunstschwaden, mit den schrecklich zerfetzten Trupps der Nebel (während der Himmel weicht, sich krümmt und herabfällt als düsterster Rauch, den ein Ozean in Trauer hervorbringt): flüchten aufgelöste Scharen dahin, Helme, Räder, Pferdekruppen. – Die Schlacht.

Hebe den Kopf: Eine gebogene hölzerne Brücke. Gemüsegärten am Dorfende. Gesichter maskenhaft ausgetuscht vom Licht der Laterne, die der Nachtfrost peitscht. Unbeholfene Nixe in rauschendem Kleid unten am Fluß. Leuchtende Schädel zwischen den Erbsenpflanzen. Mit viel andern Blendwerken. – Das Land.

Straßen, gesäumt mit Mauern und Gittern, die kaum ihr Buschwerk zurückhalten, und die grausamen Blumen, die man Herzen und Kerzen nennen könnte. Verdammender Damast der Mattigkeit. Feenhafte Adelsbesitzungen, überrheinisch oder japanisch, noch imstande, die Musik der Alten aufzunehmen. Dann Herbergen, die sich schon nicht mehr auftun, niemals mehr. Auch Prinzessinnen, und, wenn du nicht zu bedrückt bist, Sternenstudien. – Der Himmel.

Der Morgen, an dem du mit ihr strittest, zwischen Schneefällen, grünen Lippen, Spiegeln, schwarzen Fahnen, blauen Strahlen und den Purpurdüften der Sonne an den Polen. – Deine Kraft.

Vorgebirge

Das Gold des Morgenrots und der fröstelnde Abend finden unsere Brigg auf hoher See, gegenüber dieser Villa mit ihren Nebengebäuden, die ein Vorgebirge aufbauen, groß wie Epirus und der Peloponnes oder die Hauptinsel Japans oder Arabien! Fanums, erleuchtet von der Wiederkehr der großen Lehren; unermeßlicher Blick über die Verteidigungswerke moderner Küsten; Dünen, illustriert von warmen Blüten und Bacchanalien; große Kanäle Karthagos und Seedämme eines scheelen Venedig; milde Ätna-Ausbrüche und Abgründe voller Blumen und Gewässer. Gletscher, Badehäuser, umgeben von Pappeln Deutschlands, eigenartige Parkböschungen; und die überall anzutreffenden Hotelwände der »Royal« oder »Grand« irgendeines Brooklyns; und ihre Eisenbahnen umrollen, durchhöhlen, überdachen alles, die Einrichtung des Hotels ist der Geschichte der feinsten und ungeheuersten Bauarten Italiens, Amerikas und Asiens entnommen worden. Die gegenwärtig aufs hellste erleuchteten Fenster und Terrassen bieten die reichsten Getränke und Brisen des Meers, weit offen dem Geist der Reisenden und der vornehmen Leute, die tagsüber mit allen berühmten Tarantellen der Kunst wunderbar schmücken die Fassade des Palastes »Vorgebirge«.

Historischer Abend

Es kann irgendein Abend sein, den der naive Tourist erlebt, entronnen unsern wirtschaftlichen Greueln: da wird unter den Fingern eines Meisters das Klavier der Wiesen lebendig. Man spielt Karten unten am Teich, in dessen Spiegel Königinnen und Buhlerinnen erscheinen. Im Sonnenuntergang sieht man die heiligen Frauen, die Nonnen im Schleier, die Wesen der Harmonien und sagenhaften Farbtöne.

Man schaudert beim Vorüberziehen der Jagden und Menschenhorden. Ein Schwank tröpfelt über die Gerüste des Grases. Und die Verlegenheit der Armen und Schwachen auf diesen sinnlosen Ebenen!

In seiner sklavischen Verträumtheit schlägt Deutschland seinen Schauplatz bis zu den Monden auf. Es erhellen sich die tartarischen Wüsten. Aufruhr von ehemals rumpelt im Bauch des Himmlischen Reiches der Mitte. Mit felsigen Treppen und Sesseln baut sich eine kleine Welt bläßlich und platt hin, Afrika und Abendländer. Dazu ein Ballett der Meere und Nächte, wohlbekannt, eine Chemie ohne Wert und unmögliche Melodien.

Die gleiche bürgerliche Magie an allen Stellen, wo unser Koffer uns absetzt! Der einfachste Physiker merkt, daß man sich der persönlichen Atmosphäre nicht mehr unterwerfen kann, Dünsten, körperlicher Reue, deren Feststellung allein schon eine Trübsal ist.

Nein! Zeit des Ausschwitzens! der Aufhebung der Meere, der unterirdischen Feuersbrünste, des wirbelnden Planeten und der folgerichtigen Ausrottungen! Alles Tatsachen, die mit geringerer Bosheit in der Bibel angekündigt sind, und der Ernsthafte vermag sie zu überwachen.

Das wird allerdings nicht zu den Wirkungen der Legende zu rechnen sein!

Sehr kernig komische Leute. Manche haben eure Welten ausgebeutet; dabei bedürfnislos und nicht einmal begierig, danach, ihre glänzenden Fähigkeiten und ihre Kenntnis eurer Gemüter in die Tat umzusetzen. Welche reifen Menschen! Abgestumpfte Augen, in der Art einer Sommernacht, rot und schwarz, auch dreifarbig, aus Stahl und von Goldsternen durchstochen; entstellte, bleifarbene, gebleichte, in Brand gesteckte Antlitze; heiser schäkernde Kehlen! Das grausame Verhalten des Flitters! Auch junge sind dabei (wie würden sie einen Cherub anschauen?), begabt mit erschreckenden Stimmen und manchen gefährlichen Kräften. In widerwärtigen Prunk gehüllt, werden sie in die Stadt geschickt, um sich eine Haltung zuzulegen.

O das schlimme Paradies einer zornigen Fratze! Kein Vergleich mit euren Fakiren und anderm Theatervolk. In Stegreifkleidern vom Geschmack eines schlechten Traums spielen sie Bänkelszenen, Räuberdramen und Tragödien geistiger Halbgötter, so wie es in Geschichte und Religion niemals zugegangen ist. Chinesen, Hottentotten, Zigeuner, Tölpel, Hyänen, Molochs, alte Besessene, finstere Dämonen: sie verbinden volkstümliche ererbte Kunststücke mit tierischen Gebärden und Zärtlichkeiten. Sie bringen neue Programmnummern und Mädchenlieder. Als meisterhafte Gaukler verwandeln sie Orte und Personen und treiben magnetische Possen. Die Augen flammen, das Blut singt, die Knochen dehnen sich, Tränen und Blutfäden fließen.

Ihr Scherz oder Schrecken dauert eine Minute oder ganze Monate.

Ich allein habe den Schlüssel zu der wilden Parade.

Einem Prinzen mißfiel es, daß er nur soweit kam, alltägliche Großmut etwas vollkommener auszuüben. Er ahnte für die Zukunft erstaunliche Umwälzungen in der Liebe und vermutete, seine Frauen seien zu besserem fähig als zu diesen vom Luxus und vom Himmel verschönten Willfährigkeiten. Die Wahrheit wollte er erleben, den Augenblick der wesentlichen Begierde und Erfüllung. Mochte das eine Abirrung von frommer Sitte sein oder nicht, er wollte. Und immerhin war er im Besitze ansehnlicher Menschenmacht.

Alle Frauen, die ihn gekannt hatten, wurden getötet. Das war eine Verheerung im Garten der Schönheit! Doch sie segneten ihn noch unter dem Säbel. Er ließ keine anderen rufen. Doch die Frauen erschienen wieder.

Er ließ sein Gefolge nach der Jagd und nach dem Trunk töten. – Die Menschen folgten ihm weiter.

Mit Wollust schnitt er seinen Lieblingstieren die Kehle ab. Die Paläste setzte er in Brand. Er fiel über seine Leute her und hieb sie in Stücke. – Das Gesinde, die goldenen Bauten, die schönen Tiere, sie waren noch immer da.

Kann man sich an der Zerstörung entzücken, sich durch Grausamkeit verjüngen?

Das Volk murrte nicht. Denn niemand bot ihnen ein so unvergleichliches Schauspiel.

Eines Abends galoppierte er herrlich dahin. Ein Genius erschien ihm von unaussprechlicher, ja nicht einzugestehender Schönheit. Von seinem Gesicht und Betragen ging die Verheißung einer vielfachen und umfassenden Liebe aus, eines unsagbaren, ja unerträglichen Glücks!

Der Prinz und der Genius verendeten natürlich in der Blüte ihres Wesens. Wie hätten sie daran nicht sterben sollen? Zusammen also starben sie.

Aber unser Prinz verschied doch im üblichen Alter, in seinem Palast. Der Prinz war der Genius, der Genius war der Prinz.

Unserer Sehnsucht fehlt die wissende Musik.

Königtum

Eines schönen Morgens geschah es bei einem sehr sanften Volke, daß ein Mann und eine Frau von großartiger Erscheinung auf dem öffentlichen Platze laut riefen:

»Freunde, ich verlange, diese soll Königin sein!« und: »Ich will Königin sein!«

Sie lachte und bebte. Er sprach zu den Freunden von Offenbarung, von vollendeter Prüfung. Sie schmiegten sich aneinander.

Wirklich waren sie Könige einen ganzen Morgen lang, als der karminfarbene Tapetenbehang der Luft über den Häusern wiedererstand, und während des ganzen Nachmittags, als sie in der Richtung von Palmengärten gingen.

Dieser warme Februarmorgen! Der unzeitige Südwind wehte all meine Erinnerungen auf, an sinnlos Dürftige, an unser junges Elend.

Henrika trug einen baumwollenen weißbraunkarierten Rock, der wohl im vorigen Jahrhundert getragen wurde, eine Haube mit Bändern und ein seidenes Halstuch. Das war noch trauriger als Trauerkleidung. Wir machten einen Spaziergang vor die Stadt. Der Himmel war bedeckt, während dieser Südwind sämtliche schlechten Gerüche der öden Gärten und vertrockneten Wiesen aufwühlte. Dies störte meine Frau tatsächlich weniger als mich. In einer Pfütze, die von der Überschwemmung des letzten Monats auf einem hochgelegenen Pfade zurückgeblieben war, zeigte sie mir ganz kleine Fische.

Die Stadt mit Rauch und Berufslärm folgte uns weit auf dem Ausfluge nach. O die andere Welt, vom Himmel gesegnete Siedelung und Umlaubung! Der Südwind erinnerte mich an die jämmerlichen Ereignisse meiner Kindheit, Sommerverzweiflungen, und wie furchtbar viel Kraft und Wissen hat das Schicksal mir seit jeher vorenthalten! Nein, wir wollen den Sommer nicht in diesem habsüchtigen Lande verbringen, wo wir stets nur zwei verlobte Waisenkinder sein dürfen. Dieser stählerne Arm soll ein teures Bild nicht mehr nachschleppen.

*[6]

Kristallene graue Himmel. Wunderlicher Umriß von Brücken, dort geringelte, hier gerade, schräg überschnitten von andern, die abwärts führen. Und ihre Formen erneuen sich in den hellen Krümmungen des Kanals, doch alle so leicht und langhin, daß die mit Gewölben beladenen Ufer sich senken, verschwinden. Manche der Brücken tragen auch Hütten, andere mit schwachen Geländern halten Stangen und Signalmasten hoch. Mollakkorde schwingen, einander kreuzend, Seile laufen die steilen Böschungen hinan.

Zwischen andern Gewändern kann man eine rote Weste unterscheiden und Musikinstrumente. Sind es wohl Volksweisen, Finales großer Konzerte, Ausklänge von Nationalhymnen? Das Wasser ist grau und blau, breit wie ein Meerarm.

Ein weißer Strahl fällt hoch vom Himmel und vernichtet den Spuk.

6 In der 1930 erschienenen Originalausgabe von Wolfensteins übertragenen Werken Rimbauds erscheint nur ein Asterisk als Titel, im Inhaltsverzeichnis wird das Gedicht dort mit dem Namen »Kristallene graue Himmel« aufgeführt. Der französischsprachige Titel des Gedichts lautet »Les Ponts« (»[Die] Brücken«).

Stadt

Ich bin der gar nicht unzufriedene Eintagsbürger der allgemein für vorbildlich modern gehaltenen Hauptstadt. Hier ist jeder schon bekannte Stil vermieden worden, im Äußern der Häuser wie in der Einrichtung der Wohnungen und in der Anlage des Ganzen. Ihr könnt uns keine Spur von Bauwerken in der Art irgendeines bisherigen Aberglaubens nachweisen. Sitte und Sprache sind auf den einfachsten Ausdruck gebracht, endlich! Diese Millionen Leute, die einander nicht zu kennen wünschen, betreiben das Erziehen, das Arbeiten im Beruf und das Altern so gleichartig, daß ihr Lebenslauf gewiß um etliches kürzer ist, als die verrückte Statistik gewöhnlich für die Völker des Kontinents errechnet. Da sehe ich vor meinen Fensterscheiben die neuen Gespenster hinschleichen durch dicken ewigen Kohlenstaub; das ist nun unser Waldschatten, unsere Sommernacht. Neue Furien vor meinem Cottage, das mein Vaterland sei und mein ganzes Herz. Denn alles hienieden gleicht diesem hier: der Tod ohne Tränen, unsere werktätige Tochter und Dienstmagd, die verzweifelte Liebesgottheit und ein hübsches Verbrechen, alles plärrt im Straßenkot.

Abfahrt

Genug gesehen. Die Vision begegnete sich selbst immer wieder, auf alle Arten.

Genug besessen. Geräusche der Städte, abends und in der Sonne und jederzeit.

Genug erkannt. Die Hindernisse des Lebens. O Geräusche und Gesichte!

Abfahrt bei neuer Leidenschaft, neuem Lärm.

Jugend

I

Sonntag

Die beiseite gelegten Rechnungen, die unausbleibliche Niederkunft des Himmels, der Besuch von Erinnerungen und die Versammlung der Rhythmen füllen das Haus, das Haupt und die Welt des Geistes.

– Ein Pferd rennt über den Turf der Vorstadt längs der Anlagen und Hecken, zerstochen von der Kohlenpest. Eine jammervolle dramatische Frauensperson seufzt irgendwo in der Welt nach unwahrscheinlichen Preisgaben. Die Desperados ersehnen den Sturm, die Trunkenheit und die Wunden. Kleine Kinder ersticken an Flüchen längs aller Flüsse.

Gehen wir von neuem ans Lernen im Tumult verzehrender Arbeit, die wieder zusammenschlägt und aufsteigt in den Massen.

II

Sonett

Mann von gewöhnlichem Körperbau, war nicht sein Fleisch wie eine im Obstgarten hängende Frucht? O kindliche Tage! Der Leib ein Schatz zum Verschwenden. O: lieben: die Gefahr oder die Stärke der Psyche? Die Erde hatte Hänge, sehr fruchtbar an Prinzen und Künstlern; und Rasse und Herkunft brachten dich bis zu Verbrechen und tiefer Trauer. Die Welt dein Glücksvermögen und dein Wagnis. Doch nunmehr, diese aufgehäufte Arbeitslast, du mit deinen Berechnungen, du mit deinen Erwartungen – dies ist nur noch dein nicht geregelter und nicht gesteigerter Tanz und Ton, dennoch nötig für das doppelte Geschehen von Erfindung und Erfolg – inmitten einer brüderlichen und durch bilderleere Welt stillbescheidenen Menschheit. Die Gewalt und das Recht strahlen zurück Tanz und Gesang, die heute allein geschätzt werden.

III

Zwanzig Jahre

Die unterweisenden Stimmen verbannt … Die körperliche Unbefangenheit bitter geronnen … Adagio … Ach, die unbegrenzte Selbstsucht des Jünglingtums, das eifrige Rosigsehn: wieviel Blumen hatte die Welt in solchem Sommer! Die Melodien und die Formen hinsterbend … Ein Chorgesang, um die Ohnmacht und die Ferne zu mildern! Ein Chor von Gläsern, von Nachtmelodien … Ja, die Nerven jagen rasch.

IV

Krieg

In der Kindheit haben manche Himmel meine Sehkraft verfeint: alle Charaktere stuften meinen Gesichtsausdruck. Die Erscheinungen der Dinge regten sich.

In der Gegenwart hetzt mich die ewige Abwandlung der Augenblicke und das mathematisch Unendliche durch diese Welt, in der ich alle bürgerlichen Erfolge errang, beehrt mit seltsamer Kindheit und ungeheuren Zuneigungen.

Ich denke an einen Krieg, des Rechts oder der Gewalt, von unvorstellbarer Logik.

Das ist ebenso einfach wie ein Tonsatz.

Die Leben

I

O die mächtigen Avenuen des Heiligen Landes, die Terrassen des Tempels! Was hat man mit dem Brahmanen gemacht, der mir die Sprüche der Weisheit erklärte? Ich sehe sogar noch die alten Frauen von damals, von dort unten. Ich denke an die Stunden aus Silber und Sonne bei den Flüssen, die Hand der Freundin auf meiner Schulter, und wie wir zärtlich waren, stehend in den pfeffrigen Ebenen.

Ein Schwarm scharlachener Tauben braust um mein Sinnen.

Hierher verbannt, besaß ich eine Bühne, um die dramatischen Meisterwerke sämtlicher Literaturen zu spielen. Unerhörte Reichtümer könnte ich euch aufweisen. Ich verfolge die Geschichte der Schätze, die ihr fandet, und ich sehe die Fortsetzung!

Meine Weisheit wird verschmäht gleichwie das Chaos.

Was ist mein Nichts gegen die Stumpfheit, die euch erwartet?

II

Ich bin ein Erfinder von ganz andern Verdiensten als alle, die mir vorangingen; ein Musiker sogar, der etwas wie den Schlüssel der Liebe entdeckt hat. Gegenwärtig bin ich Edelmann einer mageren Landschaft unter nüchternem Himmel und unterhalte mich versuchsweise mit der Erinnerung an eine bettelhafte Kindheit, an die Lehrzeit, Märsche in Holzschuhen, Auseinandersetzungen mit Gegnern, fünf oder sechs Witwenschaften und einige Ausschweifungen, wo mein starker Kopf mich davor bewahrte, daß ich mich den Genossen anbequemte. Ich begrüße mein altes Erbteil an göttlicher Heiterkeit. Die nüchterne Luft der säuerlichen Gegend nährt kräftig die Grausamkeit meiner Zweifelsucht. Aber da dieser Zweifel sich künftig nicht mehr auswirken kann und da ich mich einer ganz neuen Irrung widme, – so erwarte ich, daß aus mir ein böser Narr wird.

III

In einem Kornspeicher, in den ich mit zwölf Jahren eingesperrt wurde, habe ich die Welt kennengelernt und die menschliche Komödie mit Bildern versehen. In einer Vorratskammer machte ich mich mit Geschichte vertraut. Bei irgendeinem Nachtfest in einer Stadt des Nordens traf ich sämtliche Frauen der großen alten Maler. Man lehrte mich in einem morschen Pariser Durchhaus die klassischen Wissenschaften. Ich vollbrachte mein unermeßliches Werk in einer großartigen, vom ganzen Orient umstellten Wohnung; das war meine erlauchte Zurückgezogenheit.

Ich habe mein Blut gebraut. Meine Pflicht ist abgetan, ich soll nicht einmal mehr daran denken. Ich bin wirklich jenseits des Grabes, ohne Aufträge.

»Die Fahne zieht in die unreine Landschaft ein, und die Reden in unserer Mundart übertönen die Trommel.

An den Landeshauptorten werden wir die schamloseste Preisgabe fördern. Wir werden alle folgerichtigen Erhebungen mörderisch niederwerfen.

Auf nach den gepfefferten und gesalzenen Gegenden! – im Dienste der gräßlichsten Ausbeutung durch Industrie und Militär!

Auf Wiedersehen hier, gleichgiltig wo. Rekruten des guten Wollens sind wir und werden eine wilde Philosophie bekommen; ahnungslos in der Wissenschaft, gewiegt in Einrichtungen der Bequemlichkeit. Tod für die gehende Welt: Das ist der wahre Fortgang. Vorwärts, marsch!«

Jammervoller Bruder! Wieviel entsetzlich schlaflose Nächte verdanke ich ihm!

Er warf mir vor, daß ich mich nicht eifrig genug mit unserm Unternehmen befaßte. Ich hätte mit seiner Schwäche mein Spiel getrieben. Durch meine Schuld müßten wir in die Verbannung zurückkehren, in die Sklaverei. Er vermutete in mir ein besonderes Pech, eine wunderliche Unschuld, ja er fand dafür beunruhigende Gründe.

Ich antwortete dem satanischen Denker mit einem Grinsen und sprang schließlich aus dem Fenster. Draußen – jenseits des flachen Landes, das von seltsam spielenden Musikbanden durchstrichen wurde, schuf ich Erscheinungen des nächtlichen Prachtaufwandes der Zukunft.

Nach dieser irgendwie gesunden Ablenkung streckte ich mich auf einem Strohsack aus. Doch fast in jeder Nacht, so rasch ich einschlief, erhob sich der arme Bruder mit verfaultem Mund, mit herausquellenden Augen – so wie er sich träumte! Und er zog mich in den Raum und heulte mir seinen Traum von schwachsinniger Trübsal vor.

Tatsächlich hatte ich aufrichtigen Sinnes die Verpflichtung übernommen, ich würde ihn wieder in seinen ursprünglichen Zustand eines wahren Sonnensohnes bringen. Nun irrten wir umher, nährten uns vom Wein der Räuberhöhlen und vom Zwieback der Straße, während es mir darum zu tun war, die Stätte der Erfüllung und die Formel dafür zu finden.

Wenngleich diese Wirklichkeit für meine großen Anlagen zu dornig war, verweilte ich doch bei meiner Dame, als ein derber graublauer Vogel, der sich aufschwang zum Sims der Zimmerdecke und den Flügel durch die Abendschatten schleppte.

Zu Füßen des Himmelbetts, das ihre körperlichen Meisterwerke mit all den verehrten Kleinodien trug, lag ich als großer Bär mit violettem Zahnfleisch und vor Angst schneeweißem Fell, und ich starrte aufs Kristall und Silber der Bettsäulen.

Alles wurde Schatten und schimmerndes Aquarium.

Früh (zänkisches Junimorgenrot) lief ich noch in die Felder, wie ein Esel hochaufschluchzend, meinen Kummer schwenkend, bis die Sabinerinnen der Vorstadt kamen und sich an meine Tierbrust warfen.

Ehrerbietung

Ehrerbietung meiner Schwester Louise Vanaen de Voringhem: ihre blaue Haube ist der Nordsee zugekehrt. – Um der Schiffbrüchigen willen.

Meiner Schwester Léonie Aubois d'Ashby. Bum! – Das summende, stinkende Sommergras. – Um der fiebernden Mütter und Kinder willen.

Der Dämonin Lulu, die noch immer jene Betsäle liebt aus der Zeit der Pensionsfreundinnen, während ihrer recht unvollständigen Erziehung. – Um der Männer willen.

Der Frau Soundso. Dem Jüngling, der ich gewesen bin. Dem heiligen Greise, Einsiedel oder Missionar.

Dem Geiste der Armen. Und einer sehr hohen Geistlichkeit.

Ehrerbietung ferner allem Kultus an solchen Wallfahrtsstätten und für solche Geschehnisse, daß man sich einfach auflösen muß, je nach den Sehnsüchten des Augenblicks oder dem Ernst unseres Lasters.

Der hocheisigen Circeto dieses Abends, die fett wie ein Karpfen und illuminiert ist wie die zehn Monate der roten Nacht (ihr Herz: Ambra und Spunk). – Um meines einzigen Gebetes willen, das stumm ist wie die Gegenden der Nacht und heftiger vorstürmt als das Polarchaos.

Ehrerbietung um jeden Preis und auf jede Art, selbst auf metaphysischen Fahrten. – Aber nicht mehr *dann*!

Zu verkaufen: was die Juden nicht verkauft haben, was der Adel und das Verbrechen nicht schätzten, was die verdammte Liebe und die höllische Redlichkeit der Massen nicht erkannte und was die Zeit und die Wissenschaft nicht anzuerkennen brauchen:

Die wieder hörbaren Stimmen, das brüderliche Erwachen aller choralen und orchestralen Kräfte und ihre unverzügliche Anwendung. Einzigartige Gelegenheit, unsere Sinne frei zu machen!

Zu verkaufen die Körper, die keinen Preis haben, außerhalb jeder Rasse, jedes Geschlechts und Stammes, außerhalb der Welt! Ihre Herrlichkeiten springen bei jeder Bewegung hervor! Restbestand an Diamanten, ohne Nachprüfung!

Zu verkaufen die für die Massen bestimmte Anarchie; das Recht auf Satisfaktion, gebührend den Liebhabern höheren Standes; der gräßliche Tod für gläubige und fühlende Menschen!

Zu verkaufen die Behausungen und die Umherschweifungen, die Sports, die Feenmärchen und die Komforts sowie der hierdurch verursachte Lärm und Fortschritt in die Zukunft!

Zu verkaufen alle Anwendungen des Rechnens und die willkürlichen Sprünge der Harmonie; die glücklichen Funde und die unvermuteten Grenzen, der dichte Besitz, die unsinnigen und unendlichen Aufschwünge zu nicht sichtbarem Glanz, zu nicht fühlbarer Wonne, die zu jedem Laster betörenden Geheimnisse und der die Menge erschreckende Mutwille.

Zu verkaufen die Leiber, die Stimmen, der unerforschliche Riesenüberfluß; alles, was man nie verkaufen wird. Die Verkäufer sind mit ihrem Restbestand noch nicht am Ende! Die Reisenden brauchen ihre Bestellungen nicht so früh aufzugeben.

Der Weiher

Der Weiher der fünf Galerien war in dieser Saison ein Ort des Verdrusses. Er glich einem unheimlichen Badebecken, das immer die schwarzen Regen bedecken. Und wenn auf seinen innersten Stufen, gebleicht von den Lichtern des Sturms, den Vorläufern der Höllengluten, die Bettler auf und ab klommen: konnte man ihre blauen blinden Augen verspotten und die weißen oder blauen um ihre Strümpfe gewickelten Binden. »O Schwemme der Invaliden, o Volksbad hienieden!« Das Wasser war immer schwarz, und kein Siecher versank dort auch nur in Träumerei.

Hier war es, wo Jesus die erste Wundertat vollbrachte, bei den verruchten Kranken. Es war an einem Tag im Februar, März oder April, als die Sonne der zweiten Nachmittagsstunde eine große Lichtsichel über dies wie ein Grab liegende Wasser hinschwang. Und während ich, weit hinter den Kranken, alles sehen konnte, was der einzige Strahl an Auswüchsen, Kristallen und Würmern weckte, in diesem Becken, das einem weißen, auf die Seite gesunkenen Engel glich: flossen alle Widerscheine unendlich bleich in einander.

Das Todeswasser. Alle Sünden, die leichten und zähen Sprößlinge des Dämons, die für ein empfindliches Gemüt diese Menschen erschreckender als Ungeheuer machten, sie wollten sich auf dies Wasser werfen. Die Kranken stiegen hinab, nicht mehr spottend, aber voll Gier.

Die als erste hineintraten, sollten geheilt davongehen, hieß es. Nein. Die Sünden warfen sie auf die Stufen zurück und zwangen sie, andere Stellen zu suchen. Denn ihr Dämon kann nur dort bleiben, wo ihnen das Almosen sicher ist.

Jesus trat gleich nach der Mittagstunde ein. Niemand von den Toren wusch sich, niemand stieg hinab. Das Licht im Weiher war gelb gleich den letzten Blättern der Weinberge. Der göttliche Meister lehnte sich an eine Säule und sah auf die Kinder der Sünde: Der Dämon streckte seine Zunge in ihren Zungen heraus und lachte.

Der Gichtbrüchige erhob sich, der auf der Seite gelegen hatte. Und sie sahen ihn mit wunderbar sicherem Schritt die Galerie hinabgehen und verschwinden in der Stadt der Verdammten.

Eine Saison in der Hölle

Einst, wenn ich zurückdenke, war mein Leben ein Fest, wo alle Herzen sich öffneten, wo alle Weine flossen.

Eines Abends setzte ich die Schönheit auf meine Knie. – Und ich fand sie bitter. – Und ich habe sie verflucht.

Ich waffnete mich gegen die Gerechtigkeit.

Ich flüchtete. Ihr Hexen, o Elend und Haß, euch ist mein Schatz anvertraut gewesen!

Dann kam ich dahin, daß ich alle menschliche Hoffnung in mir auslöschte. Gegen jede Freude tat ich, um sie zu zerfleischen, den dumpfen Sprung der Bestie.

Ich rief die Nachrichter herbei, um noch im Sterben in die Kolben ihrer Gewehre zu beißen. Ich rief die Geißeln, daß sie mich abwürgten, im Sand, im Blut. Das Unheil ist mein Gott gewesen. Ich streckte mich im Kote aus, trocknete mich in der Luft des Verbrechens, und manchen Streich spielte ich dem Wahnsinn.

Der Frühling kam für mich mit dem gräulichen Lachen des Blöden.

Aber gerade vor meinem letzten Ächzen dachte ich daran, nach dem Schlüssel zum Feste von einstmals zu suchen: da vielleicht wieder Lust käme.

Der Schlüssel ist die Nächstenliebe: Dieser Einfall beweist, daß ich träumte!

»Du bleibst Hyäne und so weiter ...«, schrie der Dämon, der mich mit so liebevollem Mohn kränzte. »Gewinne den Tod mit all deinen Süchten, mit deiner Selbstsucht und den Todsünden.«

Ach, das wurde mir zuviel: – Aber, lieber Satan, ich beschwöre dich, etwas weniger gereizte Augen! Und einstweilen nur diese verspäteten kleinen Bosheiten. Du vermißt ja am Schriftsteller sehr gern die Fähigkeit zur bloßen Beschreibung, zur Belehrung. So reiße ich für dich diese paar abscheulichen Blätter aus meinem Heft eines Verdammten.

Ich habe von meinen gallischen Ahnen das hellblaue Auge, den engen Gehirnkasten und die Schwerfälligkeit im Kampf. Meine Kleidung finde ich ebenso barbarisch wie die ihre. Allerdings, ich fette mein Haar nicht ein.

Die Gallier waren Tierschinder, die unsinnigsten Bodenzerstörer ihrer Zeit.

Von ihnen habe ich: meinen Götzendienst und die Neigung zum Gottesfrevel – o! alle Laster, Wut, Wollust – herrlich, die Wollust! – und vor allem: Lüge und Trägheit.

Ich verabscheue ein jedes Handwerk. Meister und Arbeiter, alle Bauern: wie unedel! Die Hand mit der Feder ist genau so viel wert wie die Hand am Pfluge. – Welch Jahrhundert der Hände! – Meine Hand werde ich niemals gebrauchen. Und die Dienstbarkeit führt zu weit. Die Redlichkeit des Bettlertums zerreißt mir das Herz. Die Verbrecher ekeln mich an wie Entmannte: Ich bin unversehrt, doch es ist mir gleich.

Indessen, wer hat meine Sprache so treulos gemacht, daß sie bis jetzt meine Trägheit begleitete und beschirmte? Ohne auch nur meinen Körper zu benutzen, müßiger als die Kröte, lebte ich überall. Keine Familie Europas, die ich nicht kenne. – Ich spreche da von Familien wie meiner eignen, die alles der Verkündung der Menschenrechte verdanken. – Ich kannte auch jeden Sohn aus guter Familie!

Wenn ich doch Vorfahren hätte zu irgendeinem Zeitpunkt der Geschichte Frankreichs!

Aber nein, gar nichts.

Ich sehe, daß ich stets zu einer geringeren Rasse gehört habe. Aufruhr ist mir unverständlich. Meine Rasse erhob sich nur, um zu plündern: wie die Wölfe unter dem Vieh, das sie nicht ganz abwürgen.

Ich gedenke der Geschichte Frankreichs, ältester Tochter der Kirche. Bäurisch bin ich und hätte die Fahrt zum Heiligen Lande gemacht: Ich stelle mir Märsche vor durch die schwäbischen Ebenen, Sichten von Byzanz, Wälle Jerusalems. Marienverehrung, Zärtlichkeit für den Gekreuzigten regt sich in mir mitten in tausend weltlichen Zaubern. Ich sitze krank an der Lepra auf zerbrochenen Töpfen zwischen Brennesseln am Fuß einer von der Sonne zernagten Mauer. – Zu anderer Zeit würde ich mich als ein reisiger Knappe unter Deutschlands Nächten lagern.

O, dann noch dies: Ich tanze einen tollen Sabbat auf roter Lichtung mit Greisinnen und Kindern.

Über diese Erde und das Christentum hinaus habe ich keine Erinnerungen. Doch endlos sehe ich mich in der Vergangenheit wieder: Immer allein, ohne Verwandte; welche Sprache habe ich überhaupt gesprochen? Ich schaue mich niemals im Rate Christi, auch nicht im Rate der Bischöfe, seiner Vertreter.

Wer war ich im letzten Jahrhundert? Erst heutzutage finde ich mich wieder. Keine rechten Landstreicher mehr, keine Kriegsabenteuer. Die mindere Rasse deckt alles zu, das Volk, wie mans nennt, Zweck, Nation, Wissenschaft.

O, die Wissenschaft! Man hat alles Alte wieder aufgenommen! Für Körper und Seele – das heilige Abendmahl. Man hat die Medizin und die Philosophie, – Hausmittel guter Frauen und Bearbeitungen von Volksliedern; ferner die Lustbarkeiten der Fürsten und die Spiele, die sie verboten haben; dazu noch Geographie, Kosmographie, Mechanik, Chemie …

Die Wissenschaft, der neue Adel! Der Fortschritt. Die Welt schreitet. Weshalb könnte sie nicht umkehren?

Wir haben die Vision der Zahlen. Wir kommen zum Geist. Das ist ganz sicher, es ist ein Orakel, das ich verkünde. Ich weiß es, aber da ich mich nicht ohne heidnische Worte ausdrücken kann, will ich lieber schweigen.

Das heidnische Blut kehrt wieder! Nahe ist der Geist; warum hilft Christus nicht dabei und schenkt meiner Seele Adel und Freiheit? Ach, mit dem Evangelium ist es zu Ende! Das Evangelium! Evangelium.

Ich warte auf Gott mit Feinschmeckerei. Geringer Rasse bin ich in Ewigkeit.

Jetzt stehe ich am armorikanischen Strande. Wie Städte sich abends erhellen! Mein Tag ist getan, ich verlasse Europa. Meerluft wird meine Lungen bräunen, entlegene Klimen mögen mich gerben. Schwimmen, Gras schneiden, jagen, besonders rauchen; Branntweine stark wie kochendes Metall trinken – gleich den teuren Ureltern rings um ihr Feuer.

Ich werde zurückkehren mit Gliedern aus Eisen, dunkler Haut, wildem Auge: Aus meiner Maske wird man auf eine starke Rasse schließen. Ich werde Gold haben, ich werde müßig und gewalttätig sein. Die Frauen schätzen solche unsicheren Wilden, die aus heißen Ländern wiederkommen. Ich werde in die Politik gezogen werden. Gerettet.

Jetzt bin ich verflucht, mir graut vor dem Vaterlande. Das beste: ein trunkener Schlaf am Meerufer.

Aber man fährt nicht ab. Ich gehe weiter auf hiesigen Wegen, beladen mit meinem Laster, dem Laster, das Leidenswurzeln in meiner Seite geschlagen hat, seit ich ins Alter der Vernunft kam – und es wächst zum Himmel, peitscht mich, stößt mich um, schleift mich.

Die letzte Unschuld und die letzte Scheu. Das ist es. Meinen Ekel und meine Verräterei nicht in die Welt bringen.

Doch weiter! Gang, Last, Wüste, Langeweile und Zorn.

Wem mich vermieten, welches Tier anbeten, welches heilige Bild angreifen, welche Herzen brechen, welche Lüge vorbringen, durch welches Blut waten?

Vor allem mich vor der Gerechtigkeit hüten. Hartes Leben, einfache Vertierung – den Deckel des Sarges mit trockner Faust selbst aufheben, mich hineinsetzen, ersticken. So gibt es kein Alter und keine Gefahren. Der Schrecken ist nicht französisch.

– O, ich bin so verlassen, daß ich meine Sehnsucht nach Selbstvervollkommnung jedem beliebigen Götterbild darbringen möchte.

O meine Entsagung, meine wunderbare Nächstenliebe! Und doch: hier unten!

De profundis, Domine – Wie dumm ich bin!

Noch ganz ein Kind: bewunderte ich den unlenksamen Sträfling, über dem sich für immer das Zuchthaus schließt. Ich besuchte die Schenken und Herbergen, die durch seinen Aufenthalt für mich geweiht waren. Mit seinen Gedanken sah ich den blauen Himmel und die grünende Arbeit des Landes. Ich witterte sein Schicksal in den Städten. Er besaß mehr Kraft als ein Heiliger, mehr Erfahrung als ein Reisender – und er, er allein! war Zeuge seines Ruhmes und Verstandes.

Auf den Landstraßen, in Winternächten, ohne Lager, ohne Kleid und Brot, da schnürte eine Stimme mein durchfrorenes Herz zusammen: »Schwäche oder Kraft? Du bist da, – so ist es die Kraft. Du weißt nicht, wohin du gehst noch warum du gehst. Tritt überall ein, gib auf alles Antwort. Man wird dich nicht töten, so wenig wie einen Leichnam.« Am Morgen war mein Blick wie verloren, meine Haltung tot, sodaß die, welche mir begegneten, *mich vielleicht garnicht sahen.*

In den Städten erschien mir der Kot plötzlich rot und schwarz wie ein Spiegel, wenn die Lampe im Nebenzimmer herumgetragen wird, oder wie ein Schatz im Walde! »Viel Glück!« rief ich und sah einen Ozean von Feuer und Rauch am Himmel. Und zur Linken, zur Rechten gingen alle Reichtümer in Flammen auf wie Milliarden Donner.

Aber Wollust oder Freundschaft mit Frauen waren mir versagt. Nicht einmal ein Gefährte! Ich sah mich von einer erbitterten Menge umringt, vor mir stand der Zug Soldaten, die mich erschießen sollten, weinend über dies unbegreifliche Unglück und verzeihend! Da – wie Jeanne d'Arc –: »Priester, Professoren, Meister, ihr irrt, wenn ihr mich dem Gericht überliefert. Ich gehörte nie zu diesem Volke. Nie war ich Christ. Ich bin von der Rasse, die bei ihrer Hinrichtung sang. Ich verstehe die Gesetze nicht, habe keinen moralischen Sinn, bin eine rohe Natur. Ihr irrt.«

Ja, meine Augen sind eurem Lichte verschlossen. Ich bin ein Tier, ein Neger. Doch ich kann gerettet werden. Ihr seid falsche Neger, ihr verrückten, blutdürstigen, geizigen Leute. Kaufmann, du bist Neger; Beamter, du bist Neger; General, du bist Neger; Kaiser, du alter Mitesser, bist Neger, hast vom nichtversteuerten Schnaps aus der Fabrik Satans getrunken.

Diesem Volk kommt alle Begeisterung aus Fieber und Krebs. Sieche und Greise sind dermaßen ehrbar, daß sie hier in der Hölle zu schmoren wünschen. – Das schlauste wäre, diesen Erdteil zu verlassen, wo der Wahnsinn herumschleicht, damit die jämmerlichen Leute doch mit Geiseln versehen sind. Ich will in das wahre Reich der Söhne Hams eintreten.

Kenne ich die Natur noch? Kenne ich mich? – *Keine Worte mehr*. Ich beerdige die Toten in meinem Leibe. Geschrei, Getrommel, Tanz, Tanz, Tanz, Tanz! Ich denke auch nicht an den Augenblick, wenn die Weißen einmal landen und ich verschwinde im Nichts.

Hunger, Durst, Geschrei, Tanz, Tanz, Tanz, Tanz!

Die Weißen landen. Die Kanone! Ich muß mich der Taufe unterwerfen, muß mich bekleiden, muß arbeiten.

Ich empfing den Gnadenstoß ins Herz. Ah, das hatte ich nicht vorausgesehen!

Ich habe nichts Schlechtes getan. Die Tage werden mir leicht werden, Reue bleibt mir erspart und die Qual der Seele, die am Guten beinahe stirbt, wenn das Licht streng wie Totenkerzen in ihr aufsteigt. Das Schicksal des Sohnes von Familie, ein früher Sarg, mit lichten Tränen bedeckt. Gewiß, die Wollust ist tierisch, das Laster tierisch; man soll die Fäulnis abtun. Aber die Uhr kann erst schlagen zur Stunde des reinen Schmerzes! Werde ich dann wie ein Kind hinweggenommen, um im Paradiese zu spielen, im Vergessen jedes Unglücks?

Rasch: Gibt es andere Leben?

Schlaf im Reichtum ist unmöglich. Der Reichtum ist immer öffentlich gewesen. Die göttliche Liebe allein gibt uns die Schlüssel zum Wissen. Ich sehe ein, daß die Natur nichts anderes als ein Schauspiel der Güte ist. Verabschiedet euch, ihr Wahngestalten, Ideale, Trugbilder!

Der Vernunftgesang der Engel steigt vom rettenden Schiff empor: das ist die göttliche Liebe. – Zweierlei Liebe: ich kann an irdischer Leidenschaft sterben, sterben an Demut. Ich lasse Seelen zurück, deren Pein durch meinen Eingang wachsen wird! Unter den Schiffbrüchigen wähltet ihr mich. Sind die Zurückbleibenden nicht meine Freunde?

Rettet sie!

Vernunft wurde mir geboren: Die Welt ist gut. Ich will das Leben segnen, meine Brüder lieben. Das sind keine kindlichen Vorsätze mehr, auch nicht die Hoffnung, so dem Altern und dem Sterben zu entschlüpfen. Gott schafft meine Stärke, und ich lobe Gott.

Die Öde ist nicht mehr meine Lust. Wutausbrüche, Ausschweifungen, Tollheiten (deren Schwung und Unheil ich genau kenne) meine ganze Bürde ist abgeworfen. Wir wollen nun, ohne schwindlig zu werden, die Tiefe meiner Unschuld abschätzen.

Ich wäre jetzt nicht mehr fähig, die Milderung einer Prügelstrafe zu fordern. Ich glaube nicht mehr, daß ich auf der Fahrt zur Hochzeit bin, mit Jesus Christus als Schwiegervater.

Gefangener meiner Vernunft bin ich nicht. Ich sagte: Gott. Die Freiheit im Heile will ich. Wie erreiche ich sie? Der schlüpfrige Geschmack hat mich verlassen, ich hänge auch nicht mehr von Frömmigkeit und himmlischer Liebe ab. Ich vermisse das Jahrhundert der empfindsamen Herzen durchaus nicht. Jeder hat seine Vernunft, Verachtung und Nächstenliebe. Ich halte meinen Platz, an der Spitze dieser Engelsleiter des gesunden Menschenverstandes.

Und was das wohlgegründete Glück betrifft, als Knecht oder nicht … Nein, ich kann nicht. Ich bin zu schwach und zerfasert. Das Leben blüht durch die Arbeit, alte Wahrheit: Ich, mein Leben, wenig Gewicht hat dies. Es verflattert und treibt hin, weit über jegliche Tätigkeit hinweg, diesen Lieblingspunkt der Welt.

Welch altes Weib ich werde! wie mir der Mut fehlt, den Tod zu lieben!

Gewährte mir Gott die himmlische, die luftige Ruhe, das Gebet, gleich den alten Heiligen! – Die Heiligen, die Starken! Die Einsiedler, die Künstler! Sie sind nun nicht mehr angebracht!

Dauernde Posse? Meine Unschuld bringt mich zum Weinen. Das Leben ist das Theater, das alle aufzuführen haben.

Genug! Die Strafe ist da! – *Vorwärts*!

O, die Lungen brennen, die Schläfen dröhnen. Die Nacht rollt durch meine Augen, bei dieser Sonne! Das Herz … die Glieder …

Wohin gehen? In den Kampf? Ich bin schwach! Die andern rücken vor. Die Werkzeuge, die Waffen … Die Zeit! …

Feuer? Feuer auf mich? Jetzt, da ich mich ergebe! Feiglinge! – Ich bringe mich um! Ich stürze mich vor die Hufe der Pferde!

Ah! …

– Ich werde mich hier eingewöhnen.

Es wird das Leben eines Franzosen sein, der Pfad der Ehre!

Ich habe einen ordentlichen Mundvoll Gift genommen. Dreimal gesegnet sei der Rat, der mir wurde! – Meine Eingeweide glühen. Das heftige Gift verrenkt mir die Glieder, bringt mich aus aller Form, schlägt mich zu Boden. Ich sterbe vor Durst, ich ersticke, ich kann nicht schreien. Es ist die Hölle, die ewige Pein! Seht, wie das Feuer heraufleckt. Ich brenne, wie es sich gehört. Weg, Teufel!

Schon habe ich in die Bekehrung zum Guten und zum Glück, ins Seelenheil, ein wenig hineingeschaut. Kann ich diesen Anblick beschreiben? Die Luft der Hölle duldet keine Hymnen! Aber es waren Millionen entzückender Wesen, ein holdes Geisterkonzert, Kraft und Frieden, edler Eifer was weiß ich –.

Der edle Eifer!

Und dies ist noch das Dasein! Wenn die Verdammnis ewig dauerte! Ein Mensch, der sich verstümmeln will, ist immerhin verdammt, nicht wahr? Ich glaube mich in der Hölle, also bin ich darin. Es ist die richtige Ausführung des Katechismus. Ich bin der Sklave meiner Taufe. Eltern, ihr habt mein Unglück vollbracht und das eure. Ein armer Unschuldiger! – Die Hölle kann übrigens die Heiden nicht anfallen.

Es ist noch das Dasein. Später werden die Wonnen der Verdammnis sich tiefer gestalten. Schnell, ein Verbrechen! daß ich sinke ins Nichts, nach dem Gesetz des Menschentums.

Schweig, schweig doch … Dafür gibt es hier eine schmachvolle Rüge: Satan spricht, das Feuer sei unedel und mein Zorn entsetzlich dumm. Genug! Eingetrichterte Irrtümer, Gaukeleien, falsche Düfte, kindische Töne. Und dabei halte ich die Wahrheit in Händen, ich erkenne die Gerechtigkeit, ich habe ein gesundes, festes Urteil und bin bereit zur Vollendung …

Stolz. – Meine Kopfhaut schrumpft ein. Erbarmen, Herr, ich habe Angst. Ich habe Durst, solchen Durst. Ach, Kindheit, Gras, Regen, Teich auf Steinen, *der Mondenschein, als die Glocke zwölf schlug* … Der Teufel sitzt im Glockenturm zu dieser Stunde. Maria! Heilige Jungfrau! … Grauen vor meiner Dummheit.

Sind da unten nicht einige ehrliche Seelen, die es gut mit mir meinen? Kommt … Auf meinem Munde liegt ein Kopfkissen; sie hören mich nicht, es sind Schatten. Außerdem denkt ja niemand an den Nächsten. Trete mir keiner zu nahe. Aber den Brandgeruch spüre ich.

Wimmelnde Wahngebilde. Da habe ich wohl nur das gleiche wie immer: keinen Glauben mehr an die Geschichte, Vergessen der Grundsätze. Auf daß Dichter und Seher nicht eifersüchtig werden, sage ich darüber nichts. Ich bin tausendfach der Reichste, so will ich geizig wie das Meer sein.

O, gerade blieb die Uhr des Lebens stehen. Ich bin nicht mehr auf der Welt.

Die Theologie ist ernst zu nehmen, sicher liegt die Hölle *unten* und der Himmel oben. – Verzückung, Alp, Schlummer in einem Nest von Flammen.

Wieviel Bosheit steckt in der Achtsamkeit auf dem Lande ... Da streicht Satan, Ferdinand, mit dem Samen des Unkrauts hin. Jesus geht über Purpurdorn, ohne ihn zu knicken ... Jesus ging auf den erregten Wassern. Im Schein der Laterne stand er aufgerichtet da, weiß mit braunen Locken, an der Flanke einer smaragdenen Woge.

Ich will alle Mysterien enthüllen, die des Glaubens und der Natur, Tod, Geburt, Zukunft, Vergangenheit, Schöpfung, Nichts. Ich bin Meister in Blendwerken.

Hört zu! ...

Ich habe sämtliche Begabungen! – Hier ist niemand, und jemand ist hier. Ich will meinen Schatz nicht zerstreuen. Werden etwa Negerlieder gewünscht, Huritänze? Soll ich verschwinden, soll ich untertauchen und nach dem bekannten Ringe suchen? Hättet ihrs gern? Ich mache Gold, Arzneien.

Vertraut euch mir an! Der Glaube erleichtert, lenkt, heilt. Kommt alle, selbst die kleinen Kinder, daß ich euch tröste, daß sein Herz über euch ausgeschüttet werde – das wundervolle Herz! Arme Menschen, ihr Arbeiter! Ich verlange keine Gebete, euer bloßes Vertrauen macht mich ganz glücklich.

– Und jetzt wollen wir an mich denken. Hier vermisse ich die Welt wenig. Ich habe Aussichten, nicht mehr zu leiden. Mein Leben war nur eine Reihe sanfter Tollheiten; das ist allerdings bedauerlich.

Ach was, schneiden wir alle erdenklichen Fratzen.

Man ist hier unbedingt außerhalb der Welt. Kein Laut mehr, der Tastsinn verschwunden. O, mein Schloß, mein Sachsenporzellan, mein Weidengebüsch! Die Abende, die Morgen, die Nächte, die Tage … Wie bin ichs überdrüssig!

Ich müßte meine Hölle für den Zorn haben, meine Hölle für den Stolz – und die Hölle der Trägheit, ein Konzert von Höllen.

Ich sterbe vor Müdigkeit. Das ist das Grab. Ich gehe zu den Würmern, Schrecken der Schrecken! Satan, du Schäker, willst mich mit deinen Reizen auflösen. Ich widerspreche, widerspreche! – Ein Schlag mit seiner Gabel, ein Tropfen Feuer –.

Ach, wieder zum Leben aufsteigen, unsere Mißformen mit Augen sehen! Und dies Gift des Kusses, tausendfach verflucht, meine Schwäche, die Grausamkeit der Welt! O Gott, Gnade! verbirg mich! ich halte mich zu schlecht!

Ich bin verborgen und bin es nicht.

Und das Feuer erhebt sich immer mit seinem Verdammten.

Delirien

I

Wahnsinnige Jungfrau
Der Höllische Gemahl

Hören wir das Bekenntnis eines Genossen in der Hölle:*)

»O Göttergatte, mein hoher Herr, verschmähe nicht die Beichte der traurigsten deiner Dienerinnen. Ich bin verloren, ich bin trunken, ich bin unrein. Welch ein Leben!

Verzeihung, mein göttlicher Herr, Verzeihung, ach, Verzeihung! Wieviel Tränen! Und wieviel Tränen später noch, hoffe ich!

Später werde ich den Göttlichen Gemahl erkennen. Als seine Hörige bin ich geboren. – Der andere mag mich jetzt prügeln!

Ich bin auf dem Grunde der Welt angelangt, o meine Freundinnen! Nein, nicht meine Freundinnen … Nie hat es solche Fieberqualen gegeben … Ist das schlimm!

Ach, ich leide, ich schreie, ich leide wirklich. Und doch darf ich mir alles erlauben, obschon beladen mit der Verachtung der verächtlichsten Herzen.

So will ich endlich bekennen, damit ich nicht zwanzigmal wiederhole meine stets gleich öden, gleich bedeutungslosen Bekenntnisse!

*) A. d. H.: Im folgenden spricht »Verlaine«.

Ich bin die Sklavin meines Höllengemahls, dessen, der die wahnsinnigen Jungfrauen verdorben hat. Ebendieser Teufel ist es. Durchaus kein Spuk, kein Gespenst. Aber ich – der Weisheit verlustig und verdammt und tot für die Welt – ich werde von ihm nicht umgebracht! Wie soll ich es euch sagen? Ich kann nicht einmal mehr sprechen. Ich bin in Trauer, weine und fürchte mich. Ein wenig Frische, o Herr, so du willst, so du mir wohlwillst!

Ich bin Witwe … – Ich war Witwe … – Wirklich, ehemals war ich ernst zu nehmen und keinesfalls dazu geboren, ein Gerippe zu werden … – Er war fast noch ein Kind … Seine geheimnisvollen Zärtlichkeiten verführten mich. Ich vergaß all meine Menschenpflichten, um ihm zu folgen. Welch ein Leben! Das wahre Leben ist jenseits. Wir sind nicht auf der Welt.

Wo er hingeht, da gehe auch ich hin, ich muß. Und oft wird er ausfallend gegen mich, gegen mich *arme Seele*. Der böse Geist! Das ist ein böser Geist, versteht ihr, *das ist kein Mensch.*

Er sagt: ›Ich liebe die Frauen nicht. Die Liebe muß, das weiß man schon, wieder erfunden werden. Die Frauen können nichts anderes tun als eine gesicherte Lage erstreben. Haben sie die erreicht, so werden Herz und Schönheit beiseite gelegt. Da bleibt heutzutage nur kalte Mißachtung übrig, eheliche Versorgung. Ich sehe auch Frauen mit allen Anzeichen des Glücks, aus denen ich gute Kameraden hätte machen können … wären sie nicht unverzüglich von rohen, wie Scheiterhaufen entflammbaren Kerlen verzehrt worden.‹

Ich höre zu, wie er aus der Schande einen Ruhm, aus der Grausamkeit einen Reiz macht: ›Von ferner Rasse bin ich. Meine Väter waren Skandinavier, sie durchstachen sich die Seiten und tranken ihr Blut. Ich will in meinen ganzen Körper Schnitte machen, mich tätowieren, häßlich wie ein Mongole werden. Du sollst erleben, wie ich die Straßen durchheule, ich will verrückt vor Wut sein. Zeige mir niemals Schmuck, ich würde auf dem Teppich herumkriechen, ich würde mich winden. Mein Reichtum soll überall mit Blut gefleckt sein. Nie werde ich arbeiten …‹

In manchen Nächten ergriff mich sein Dämon, wir wälzten uns, ich rang mit ihm! In den Nächten stellt er sich oft betrunken in die Straßen oder in die Häuser, um mich tödlich zu erschrecken: ›Tatsächlich, man wird mir noch den Hals abschneiden. Widerwärtige Sache.‹

O, die Tage, an denen er fortgehen will mit der Miene des Verbrechens!

Zuweilen spricht er in einer gewissen zärtlichen Mundart vom Tode, der zur Reue zwinge; von den Unglücklichen, die es wirklich gebe; von den harten Arbeiten, von den herzzerreißenden Abschieden. In den Kneipen, wo wir uns betranken, weinte er beim Anblick der Kerle, die uns umgaben – Vieh des Elends. Er hob die Betrunkenen in den schwarzen Gassen auf. Er zeigte das Mitleid einer zu den kleinen Kindern recht bösen Mutter. Er ging mit der Nettigkeit eines kleinen Mädchens zum Katechismusunterricht. Er tat, als sei er über alles im Bilde, über Handel, Kunst, Medizin. – Ich folgte ihm, ich mußte!

So sah ich den ganzen Zierat, mit dem er sich im Geiste umgab, Kleider, Stoffe, Möbel. Waffen lieh ich ihm und geradezu ein anderes Aussehen. Alles, was ihn berührte, fand ich ganz so, wie er selbst es für sich geschaffen wünschte. Wenn er mir lässiger Stimmung schien, folgte ich ihm weit in absonderliche verwickelte Taten, gute und böse. Ich tat dies! und wußte, daß ich seine Welt doch niemals betreten würde. Wieviel nächtliche Stunden wachte ich neben seinem schlummernden teuren Körper und grübelte, weshalb er sich der Wirklichkeit so sehr entzog. Nie war in einem Manne ein derartiges Verlangen. Ich erkannte, ohne für ihn selbst zu fürchten, daß er für die bestehende Gesellschaft eine ernste Gefahr bedeutete. Er hat vielleicht das Geheimnis zur *Änderung des Lebens*? Nein, er sucht nur danach, gab ich mir zur Antwort. Seine Nächstenliebe ist Verhextheit, und ich bin ihre Gefangene. Keine andere Seele hätte soviel Kraft, Kraft der Verzweiflung! um es zu ertragen, von ihm beschützt und geliebt zu werden. Übrigens war er mit keiner andern Seele zu denken: Man schaut nur seinen Engel, nie den Engel eines andern, glaube ich. Ich war in seiner Seele wie in einem Palast, den man ausgeräumt hat, um so unvornehme Personen wie uns nicht empfangen zu müssen, das ist alles. Ach ja, ich hing wohl von ihm ab. Was aber wollte er von meinem trüben schlaffen Dasein? Er machte mich nicht besser, wenn er mich nicht sterben ließ! In traurigem Ärger sprach ich manchmal zu ihm:

Ich verstehe dich.

Er zuckte die Achseln. So erneute sich mein Kummer beständig, und ich war in meinen Augen ein ganz betörtes Weib, überhaupt in aller Augen. Und sie hätten mich mit ihren Blicken festgehalten, wäre ich nicht eben dazu verdammt, daß mich alle übersehen! Mich hungerte deshalb immer mehr nach seiner Güte. Seine Küsse und lieben Umarmungen, die waren wohl der Himmel, ein dunkler Himmel, in den ich eintrat und wo man mich immer lassen sollte, mich arme taube stumme blinde Frau. Schon gewöhnte ich mich ganz daran. Als zwei gute Kinder betrachtete ich uns, die sich unbefangen im Paradies der Traurigkeit ergehen dürfen. Wir stimmten uns ganz aufeinander ab, tief bewegt arbeiteten wir zusammen. Aber nach einer durchdringenden Liebkosung sagte er:

›Wenn ich einmal nicht mehr dasein werde, wie komisch wirst du all dies finden, durch das du hindurchgingst; wenn du meine Arme nicht mehr um deinen Nacken fühlst, mein Herz nicht mehr fühlst, um daran zu ruhen, meinen Mund nicht mehr auf deinen Augen. Denn eines Tages muß ich weggehn, sehr weit weg. Ich will auch andern helfen, das ist meine Pflicht. Freilich wird es nicht so lecker sein …, teure Seele …‹

Sogleich hatte ich ein Vorgefühl seiner Abreise, ein Schwindelgefühl, das mich dann packen und in die grausigste Finsternis stürzen würde, in den Tod. Ich drang auf sein Versprechen, mich nicht zu verlassen. Zwanzigmal gab er mir diese Zusage eines Geliebten. Das war ebenso leichtfertig wie mein Wort: Ich verstehe dich.

Ach, eifersüchtig auf ihn war ich nie. Er wird mich nicht verlassen, glaube ich. Was sollte dann werden? Er hat keinerlei Kenntnisse, niemals wird er arbeiten. Schlafwandelnd will er leben. Gibt ihm seine bloße Güte und Barmherzigkeit schon ein Recht auf die irdische Welt? Zuweilen vergesse ich die Rührung, der ich verfallen bin: Er wird mich stark machen, wir reisen, jagen in den Wüsten, schlafen auf dem Pflaster unbekannter Städte, ohne Sorgen, ohne Schmerzen. Wenn ich erwache, werde ich Gesetze und Sitten rings um mich verwandelt finden, dank seiner magischen Gewalt. Oder die Welt wird dieselbe sein, doch freier Spielraum um mich für meine Wünsche, Genüsse, Lässigkeiten. O, verschaffst du mir (denn ich habe soviel gelitten) zur Entschädigung das abenteuerliche Leben, das in den Kinderbüchern steht? Er kann es nicht. Ich bin mir über sein Ideal nicht klar. Er behauptete, Reue und Hoffnung zu empfinden: das berücksichtige ich nicht. Redet er mit Gott? Vielleicht müßte ich mich an Gott wenden. Ich liege in der letzten Tiefe des Abgrunds und kann nicht mehr beten.

Wenn er mir seine Traurigkeiten erklären würde, verstünde ich sie dann besser als seinen Spott? Er greift mich an, ganze Stunden verbringt er mit dem Herunterreißen aller Dinge, die mir auf der Welt etwas waren, und wenn ich weine, ist er entrüstet.

– Du siehst den eleganten jungen Mann, der in das schöne ruhige Haus dort eintritt? Er heißt Duval, Dufour, Armand, Maurice oder sonstwie. Eine Frau liebte diesen schlimmen Idioten hingebend. Sie ist tot, ist jetzt sicher eine Heilige im Himmel. Du wirst erreichen, daß ich sterbe, wie diese Frau starb durch ihn. Das ist unser Los, bei unserem aufopferungsvollen Herzen.

Ach, es gab Tage, wo alle tätigen Menschen ihm wie Spielzeuge erschienen. Gräßlich lachte er, ein langes Lachen. Dann nahm er wieder seine Umgangsformen einer jungen Mutter an, einer älteren Schwester. Wäre er weniger wild, könnten wir gerettet werden! Aber auch seine Sanftheit ist mörderisch. Und ich bin ihm unterworfen. O, ich bin wahnsinnig.

Eines Tages wird er wohl doch auf wunderbare Art verschwinden. Aber ich muß wissen, ob er in einen Himmel kommen soll. Denn ich möchte bei der Himmelfahrt meines kleinen Freundes ein wenig zusehn.«

Komische Wirtschaft!

II

Alchimie des Wortes

Nun zu mir selbst! Die Geschichte einer meiner Narrheiten.

Schon seit langem war ich stolz auf den Besitz aller möglichen Landschaftsstücke und ich fand die Berühmtheiten der modernen Malerei und Dichtung lächerlich.

Ich liebte verrückte Bilder, Dekorationen über Türen, Verzierungen, Bemalungen von Jahrmarktzelten, Plakate, volkstümliche Buntbilder, veraltete Literatur, Kirchenlatein, unorthographische erotische Bücher, Romane unserer Ahnen, Feenmärchen, kleine Kinderbücher, entschwundene Opern, nichtssagende Kehrreime, einfache Rhythmen.

Mein Traum waren: Kreuzzüge, Entdeckungsreisen ohne irgendeinen Anhalt, Republiken ohne Geschichte, erstickte Religionskriege, Umwälzungen der Sitten, Verschiebungen ganzer Rassen und Erdteile. Ich glaubte an alle Überschwänge.

Die Farben der Vokale erfand ich! A schwarz, E weiß, I rot, O blau, U grün. Ich regelte die Form und Bewegung eines jeden Konsonanten. Ich schmeichelte mir, mit triebhaften Rhythmen einen dichterischen Ausdruck geschaffen zu haben, der heute oder morgen den Sinnen aller Welt zugänglich sein würde. Die Übersetzung behielt ich mir vor.

Zuerst waren es Studien. Ich schrieb hin das Stillschweigen der Nächte. Das Unausdrückbare wurde notiert. Ich faßte die Taumel der Sinne in Worte.

Fern von den Vögeln, Herden, Dörflern,
Was trank ich, auf den Knien im Kraut,
Von sanftem Haselstrauch umgeben,
Im laugrünen Nachmittagsdunst?

Was konnt ich in der jungen Oise
(Gras blumenlos, stumm Rüstern, dick
Der Himmel) fern dem lieben Häuschen
Aus gelber Kürbisflasche trinken?
Wohl Goldschnaps, der mich schwitzen macht.

Kein rechtes Schenkenschild! Sturm jagte
Den Himmel. Und des Waldes Wasser
Verging im jungfräulichen Sande.
Gott hauchte Sumpfeis. Weinend sah ich
Gold, Gold, und konnte nichts mehr trinken.

Morgens um Vier im Sommer
Dauert der Liebe Schlaf noch.
Aus den Gebüschen dampfen
Düfte des Festes der Nacht.

Unten auf weitem Holzplatz
In hesperidischer Sonne
Rühren sich schon hemdärmelig
Die Zimmerleute.

Fügen in moosiger Werkstatt
Ruhevoll kostbares Tafelwerk,
Welchem die Stadt dann falsche
Himmel aufmalen wird.

O, für die liebenswerten
Handwerker, Sklaven von Babel,
Verlasse einen Augenblick, Venus,
Der Paare blühende Luft!

Herrin der Hirten, bringe
Branntwein den guten Arbeitern,
Daß ihre Kräfte gedeihen
In Erwartung des Mittagbads im Meer!

Poetische Altertümelei machte einen guten Teil meiner Alchimie des Wortes aus.

Ich gewöhnte mich an einfache Halluzinationen: Ganz ungezwungen sah ich eine Moschee an der Stelle einer Fabrik, eine Trommlerschule, gebildet von Engeln; Kutschen auf den Straßen des Himmels, einen Salon am Boden eines Sees; Ungetüme, Heimlichkeiten. Aus dem Titel einer

Gesangsposse konnten sich entsetzliche Gespenster vor mir aufrichten.

Dann erklärte ich mir meine magischen Sophismen mit Sinnestäuschungen durch Worte. Zuletzt fand ich die Unordnung meines Geistes geheiligt. Ich war untätig, Beute eines schweren Fiebers. Ich beneidete die Tiere um ihre Glückseligkeit: die Raupen, welche die Unschuld des Vorhimmels darstellen, die Maulwürfe, Schlummer der Jungfräulichkeit!

Mein Wesen wurde bitter. Ich sagte der Welt Lebewohl in einer Art von Romanzen:

Lied vom höchsten Turm

Erscheine, erscheine,
Du Zeit, nach der ich weine.

Lang war ich geduldig,
So vergaß ich alles,
Unruh und Erleiden
Ist entflohn zum Himmel.
Ungesundes Dürsten
Hat mein Blut verdüstert.

Erscheine, erscheine,
Du Zeit, nach der ich weine.

Also preisgegeben
Dem Vergessen, breitet
Sich das Land, voll Weihrauch
Und voll blühenden Unkrauts,
Mit dem wilden Summen
Schmutziger Fliegen.

Erscheine, erscheine,
Du Zeit, nach der ich weine.

Ich liebte die Wüste, die verbrannten Obstgärten, die heruntergekommenen Kaufläden, die abgestandenen Getränke. Ich schlenderte durch stinkende Gassen, und mit geschlossenen Augen bot ich mich der Sonne an, Feuergott.

»General, wenn noch eine alte Kanone in deiner verfallenen Festung steht, bombardiere uns mit Blöcken trockener Erde. Hinein damit in die Scheiben der glänzenden Geschäfte! in die Salons! Laß die Stadt ihren Staub fressen. Oxydiere die Traufröhren. Fülle die Boudoirs mit glühendem Rubinpulver …«

O die trunkene Mücke am Abort der Herberge, zugetan dem Gurkenkraut, aufgelöst von irgendeinem Strahl!

Hunger

Wenn ich ein Gelüsten habe,
Ists nach Erde oder Steinen.
Jederzeit ist Luft mein Essen
Oder Kohle, Felsen, Eisen.

Meine Hunger, weg! Beweidet
Klängewiesen.
Nehmt dazu das heitere
Gift der Winden.

Hunger, speist gehackte Kiesel
Oder alte Kirchenmäler,
Brotgeröll der alten Sintflut,
Einst gesät in graue Täler.

Der Wolf schrie im Gebüsche,
Ausspie er die schönen Federn
Seines Geflügelschmauses:
Wie Er verzehre ich mich.

Alle Salate und Früchte
Erwarten nur ihre Ernte,
Aber der Spinne der Hecken
Wollen nur Veilchen schmecken.

Schliefe ich doch, schmorte ich doch
Auf dem Altar des Salomon!
Über den Rost flösse mein Saft
Und mischte sich mit dem Bach Kidron.

Endlich, o Glück, o Vernunft, entfernte ich aus dem Himmel den Azur, der Schwärze ist. Und ich lebte als ein Goldfunke des Feuers *Natur*. Vor Freude wurde meine Ausdrucksweise bis ins letzte verstiegen:

Sie ist wieder geweiht!
Wer? Die Ewigkeit.
Das ist das Meer vereint
Mit der Sonne.

Meine ewige Seele,
Deines Schwurs hab acht,
Trotz des Tages Schwelen
Und der öden Nacht.

Und du trennst dich schon
Von des Klüngels Siegen,
Schwüngen, die verfliegen!
Schwebe du davon …

Niemals Hoffnung wieder
Und kein Orietur.
Geist! Geduld! Hernieder
Winkt die Strafe nur.

Nun kein Morgen mehr,
Seidig süßes Licht.
Dein Begehr
Wird die Pflicht.

Sie ist wieder geweiht!
Wer? Die Ewigkeit.
Das ist das Meer vereint
Mit der Sonne.

Ich wurde eine Märchenoper und sah, daß alle Wesen das Verhängnis ihres Glücks zu tragen haben. Die Tat ist nicht das Leben sondern eine Art, Kraft aufzurühren, eine Saftverschwendung. Die Moral ist die Schwäche des Hirns.

Ich meinte, daß jedem Wesen mehrere *andere* Leben gebührten. Jener Herr dort weiß nicht, was er tut; er ist ein Engel. Diese Familie hier ist eine Hundezucht. Bei manchen Leuten merkte ich, daß ich mich ganz laut mit einem Augenblick aus einem ihrer anderen Leben unterhielt. – So geschah es, daß ich ein Schwein liebte.

Kein Sophismus der Tollheit (der gemeingefährlichen, die man einsperrt) wurde von mir übergangen. Ich könnte sie sämtlich hersagen, bin im Besitze des Systems.

Doch meine Gesundheit war bedroht. Der Schrecken nahte. Ich fiel in tagelangen Schlaf, und nach dem Aufstehn setzte ich die traurigsten Träume fort. Ich war reif für den Hingang. Auf dem Wege der Gefahren führte meine Schwäche mich bis an die Grenzen der Welt, nach Kimmerien, Heimat des Schattens und Sturmwirbels.

Ich mußte reisen, die im Gehirn angesammelten Bezauberungen zerstreuen. Auf dem Meer, das ich liebte, als müßte es Schmutz von mir abwaschen, sah ich das tröstende Kreuz emporsteigen. Vom Regenbogen war ich verdammt worden. Das Glück war mein Verhängnis, meine Reue, mein Wurm. Mein Leben würde immer unermeßlich sein, zu weit, um sich der Macht und der Schönheit zu widmen.

Das Glück! Sein Zahn, süß bis zur Tödlichkeit, warnte mich beim Hahnenschrei (ad matutinum, beim Christus venit) in den finstersten Städten:

O Schlösser, o Gezeiten!
Keine Seele kann ihre Fehler bestreiten.

Ich trieb viel magische Studien
Des Glücks, danach jedermann späht.

Ich begrüße es, wenn nach Präludien
Der gallische Hahn kräht.

Ach, ich habe gar keine Absichten mehr,
Dies Glück übernahm mein Sein.

Dieser Reiz macht keine Anstrengung schwer,
Fängt Seele und Körper ein.

O Gezeiten, o Schlösser!

Und dann, im Augenblick der Flucht,
Ach, werde ich vom Tod besucht.

O Gezeiten, o Schlösser !

*

Das ist vorbei. Heute weiß ich die Schönheit zu grüßen.

O, dies Dasein meiner Kindheit, die große Straße durch alle Wetter hindurch. Übernatürlich nüchtern; selbstloser als der beste der Bettler; stolz darauf, kein Land, keine Freunde zu haben. Welch ein Unsinn war das! Ich merke es jetzt.

– Mit Recht mißachtete ich die biederen Leute, die keine Gelegenheit zu einer Liebkosung versäumen, die Schmarotzer an der Reinlichkeit und Gesundheit unserer Frauen, zumal heute, da die Frauen so wenig eins mit uns sind.

Ich hatte recht mit allen meinen Verachtungen: da ich entweiche.

Ich entweiche? Hier meine Erklärung.

Gestern noch seufzte ich: »Himmel, sind wir viel Verdammte hier unten! Und ich stehe schon so lange in ihren Reihen und kenne sie alle. Wir erkennen uns immer wieder, wir haben Ekel voreinander. Nächstenliebe ist uns fremd. Aber wir sind höflich und haben zur Welt sehr anständige Beziehungen.« Sollte das verwunderlich sein? Die Welt, die Kaufleute, die Kindlichen! – Entehrt sind wir nicht. Aber wie würden uns die Auserwählten empfangen? Nun, es sind bissige und lustige Menschen darunter, falsche Auserwählte, da man zur Annäherung an sie frech oder unterwürfig sein muß. Diese bilden aber die eigentlichen Auserwählten. Keine Segenspender!

Nachdem ich für zwei Sous Verstand wiedergefunden habe (das geht rasch weg!) erkenne ich den Grund meines schlechten Befindens: Ich habe nicht früh genug bedacht, daß wir im Abendlande wohnen. Die abendländischen Sümpfe! Ich glaube zwar keineswegs an verändertes Licht, erschöpfte Form, abgewichene Bewegung … Aha, ich will offenbar jede schlimme Entwicklung, die der Geist hier seit Ausschaltung des Morgenlandes durchgemacht hat, auf mich laden. Mein Geist verlangt es!

… Die zwei Sous Verstand sind ausgegeben. Der Geist als Autorität bestimmt, daß ich im Abendlande sein soll. Ich muß ihn zum Schweigen bringen, um zu meinem Schluß zu kommen.

Zum Teufel schickte ich die Palmen der Märtyrer, die Strahlen der Kunst, die Überhebung der Erfinder, den Eifer der Plünderer. Ich kehrte zum Orient zurück und zur ersten und ewigen Weisheit. – Das ist wohl ein Traum von besonders plumper Trägheit!

Dennoch war ich nicht etwa auf das Vergnügen aus, den modernen Leiden zu entkommen. Die gewitterhafte Weisheit des Korans hatte ich nicht im Sinn. – Aber ist es nicht eine wirkliche Qual, daß seit der wissenschaftlichen Erklärungsart, seit dem Christentum der Mensch den Menschen *spielt*? den Nachweis des Augenscheins betreibt? bei der dauernden Wiederholung dieser Beweise sich vor Freude bläht? und nur so noch leben kann? Feine, nichtige Marter! Quelle der Abschweifungen meines Geistes. Vielleicht könnte die Natur sich langweilen! Spießbürger Prudhomme wurde mit Christus geboren.

Kommt dies nicht daher, weil wir den Dunst pflegen? Wir essen mit unsern wäßrigen Gemüsen das Fieber. Wir haben ferner die Trunksucht! und den Tabak! und die Unwissenheit! und die verschiedenen Arten der Aufopferung! Steht all das nicht fern genug dem Weisheitsbegriff des Orients, unserer Urheimat? Wozu eine moderne Welt bei Erfindung solcher Gifte!

Die Männer der Kirche werden antworten: »Einverstanden. Aber ihr wollt von Eden sprechen! In der Geschichte der orientalischen Völker ist für euch gar nichts zu finden.« – Das ist wahr. An Eden hatte ich gedacht! Was fängt mein Traum mit der Reinheit antiker Rassen an!

Die Philosophen: »Kein Alter hat die Welt. Die Menschheit verändert nur ihren Ort. Ihr seid im Abendlande, doch ungehindert, in eurem Morgenlande zu wohnen (so alt ihr es braucht!) und euch dort wohnlich einzurichten. Seid unbesiegt.« – Philosophen, ihr seid aus eurem Abendlande.

Sieh dich vor, mein Geist. Keine zu heftige Entschlossenheit zum Heil! Übe dich. – O, die Wissenschaft geht uns nicht schnell genug vorwärts.

Aber ich bemerke, daß mein Geist schläft.

Wäre er immer rege gewesen, so ständen wir bald bei der Wahrheit, die uns vielleicht weinend mit ihren Engeln umgibt! … Wäre er bis jetzt wach gewesen, so hätte ich mich nicht an tödliche Triebe, an unvordenkliche Zeiten verloren! … Wäre er immer wach gewesen, so schwämme ich in voller Weisheit! …

O Reinheit! Reinheit!

Diese Minute des Erwachens schenkte mir die Sicht der Reinheit. Durch den Geist geht man zu Gott!

Schneidendes Unglück.

Der Blitz

Die menschliche Arbeit! das ist die Explosion, die meinen Abgrund von Zeit zu Zeit erleuchtet.

»Nichts ist eitel. Auf, zur Wissenschaft! und vorwärts!« ruft der moderne Geistliche, das heißt jedermann. Und dennoch fallen die Leichname der Bösen und der Nichtstuer auf das Herz der andern … O, rasch, rasch doch. Da unten warten, jenseits der Nacht, die künftigen ewigen Vergeltungen … Entrinnen wir denen?

– Was soll ich dabei? Die Arbeit kenne ich; und die Wissenschaft ist zu langsam. Daß die Gebete galoppieren und der Blitz donnert, das weiß ich. Es ist zu einfach, und man wird dabei zu warm. Behelft euch ohne mich. Ich habe meine eigene Pflicht und werde stolz auf sie sein, nach Art der andern, die sie beiseite setzen.

Mein Leben ist abgenutzt. Also sich verstellen! faulenzen! O, Erbarmen! Und wir werden um der Vergnügungen willen weiterleben, indem wir uns Riesenlieben und phantastische Welten erträumen und unzufrieden klagen und über die irdischen Erscheinungen streiten, Gaukler, Bettler, Künstler, Räuber – Priester! Auf meinem Krankenhausbett kam mir der Geruch des Weihrauchs so mächtig wieder ins Gedächtnis: Hüter der heiligen Aromen, Beichtiger, Märtyrer …

Daran erkenne ich meine unreine Erziehung in der Kindheit.

Was noch? Meine zwanzig Jahre lang leben, während die andern gleichfalls zwanzig Jahre lang leben …

Nein, nein! Jetzt empöre ich mich gegen den Tod! Mein Stolz findet die Arbeit zu leicht, mein Verrat an der Welt wäre eine zu kurze Buße. Im letzten Augenblick noch würde ich nach links und rechts zum Angriff übergehn …

Dann, liebe gute Seele, wäre die Ewigkeit für uns unverloren.

Hatte ich nicht *einmal* eine Jugend so liebenswert, heldenhaft, märchenschön, daß sie auf goldene Blätter zu schreiben wäre? Fast zuviel der Glücksaussichten! Für welches Verbrechen, welchen Irrtum habe ich meine gegenwärtige Ohnmacht verdient? Ihr, die ihr angebt, daß Tiere vor Kummer seufzen, daß Kranke verzweifeln und Tote schlechte Träume haben, versucht doch einen Bericht über meinen Sturz und Schlaf. Ich selbst kann mich nicht deutlicher erklären als der Bettler mit seinen dauernden Vaterunser und Ave Maria. *Ich weiß nicht mehr zu sprechen.*

Und doch glaube ich die Erzählung von meiner Hölle heute beendet zu haben. Es war gewiß die Hölle; die alte, deren Pforten der Menschensohn öffnete.

Aus derselben Wüste, in derselben Nacht wachen immer meine matten Augen auf, beim Schein des Silbersterns, immer, ohne daß die heiligen Drei Könige des Lebens sich regen: das Herz, die Seele, der Geist. Wann gehn wir weit über Küsten und Berge hin, zu grüßen die Heilandsgeburt der neuen Arbeit, die neue Weisheit, die Flucht der Tyrannen und Teufel, Aberglaubens Ende, um anzubeten (wir als erste!) Weihnacht auf Erden?

Der Gesang der Himmel, der Marsch der Völker! Sklaven, wir wollen das Leben nicht verfluchen.

Herbst schon! – Doch warum uns ewige Sonne wünschen, wenn wir zur Entdeckung der göttlichen Klarheit eingesetzt sind – fern von den Leuten, die an Jahreszeiten sterben!

Der Herbst. Unsere Barke, in unbeweglichen Nebel steigend, fährt dem Hafen des Jammers zu, der ungeheueren Stadt an dem von Feuer und Kot gefleckten Himmel. Ach, die verfaulten Lumpen, das vom Regen durchnäßte Brot, die Trunkenheit, die tausend Lieben, die mich gekreuzigt haben! Also stirbt sie nie, diese leichenverschlingende Herrin über Millionen Seelen und tote Leiber, *die gerichtet werden*! Ich sehe mich wieder, die Haut von Moder und Pest zerfressen, Achseln und Haar mit Würmern gefüllt und noch größere Würmer im Herzen, hingestreckt unter Unbekannten, gefühllos, alterlos … Ich hätte daran wirklich sterben können … Greuliche Beschwörung! Mich ekelt das Elend.

Und ich fürchte den Winter, weil es die Jahreszeit der Bequemlichkeit ist.

Manchmal sehe ich am Himmel unermeßliche Gestade, wimmelnd von weißen Völkern, in heller Freude. Ein großes Goldschiff über mir bewegt seine vielfarbigen Wimpel in den Morgenwinden. Ich habe schon alle Feste, alle Triumphe, alle Dramen geschaffen. Ich war bei der Erfindung neuer Blumen, neuer Gestirne, neuer Fleische, neuer Sprachen. Ich gedachte übernatürliche Fähigkeiten zu erlangen. Nun, meinen Traum und all meine Erinnerungen muß ich zu Grabe tragen! Schönen Ruhm habe ich als Künstler und Erzähler erworben!

Ich, ich, der sich Magier oder Engel nannte, jeder Moral enthoben, bin der Erde zurückgegeben. Eine Pflicht soll ich mir suchen und die runzlige Wirklichkeit an die Brust drücken. Ein Bauer!

Bin ich betrogen? Ist die Nächstenliebe für mich eine Schwester des Todes?

Am Ende werde ich noch um Vergebung bitten, weil ich mich von Lüge genährt habe. Und nun weg.

Aber keine einzige Freundeshand! Woher kommt Hilfe?

Ja, die neue Stunde ist zum mindesten sehr ernst.

Denn ich kann sagen, daß der Sieg auf meiner Seite ist. Das Zähneknirschen, das Flammenzischen, das verpestete Stöhnen mäßigt sich. Die unreinen Erinnerungen verblassen. Meine letzten Peinen trollen sich – der Neid auf Bettler, Räuber, Anhänger des Todes, Zurückgebliebene aller Art: – Verdammte, wenn ich mich rächte!

Man muß unbedingt modern sein.

Keine Gesänge mehr: den erreichten Schritt innehalten! Harte Nacht! Das getrocknete Blut auf meinem Gesicht dampft, und hinter mir habe ich gar keine Deckung als einen schauerlichen Strauch! … Der geistige Kampf ist ebenso wild wie die Männerschlacht. Die Erträumung der Gerechtigkeit aber ist Gottes Freude allein.

Doch das Erwachen ist da. Setzen wir uns nun allen Einflüssen von Kraft und wirklicher Zärtlichkeit aus. Und beim Morgenrot wollen wir in den Waffen feuriger Geduld unsern Einzug halten in die glänzenden Städte.

Was sprach ich von Freundeshand! Schöner Gewinn, daß ich über die alten lügnerischen Lieben spotten kann und daß ich schmähe alle verlogenen Paarungen. Ich habe die Hölle der Frauen da unten erblickt. Und es wird mir zustehen, die Wahrheit in einer Seele und einem Körper zu besitzen.

Briefe

A. Rimbaud

Charleville, 25. August 1870

Sehr eilig!

Lieber Herr Izambard,

Seien Sie glücklich, daß Sie nicht mehr in Charleville wohnen! Meine Geburtsstadt ist doch allen Provinzstädtchen über an Stumpfsinn. Da habe ich keinerlei Hoffnung mehr. Weil sie nahe bei Mézières liegt, eine ihrerseits nicht aufzufindende Örtlichkeit, und weil sie zwei- bis dreihundert Infanteristen durch ihre Straßen wandeln sieht, läßt die selige Spießerbevölkerung kriegerische Gebärden los, ganz anders als die Belagerten in Metz und Straßburg! Gräßlich, die pensionierten Krämer in Uniform! Großartigen Schneid haben diese Notare und Glasermeister und Steuerbeamten und Tischler, all die feisten Bäuche, wie sie mit dem Chassepot am Herzen sich wichtig tun, vor den Toren von Mézières. Mein Vaterland erhebt sich! Ich würde mich sehr freuen, wenn es sitzen bliebe. Nicht mucksen! Das ist so mein Grundsatz.

Ich bin heimatlos und krank und wütend und dumm, ganz umgeschmissen bin ich. Ich hoffte auf Bäder in der Sonne, endlose Wanderungen, Rasten, Reisen, Abenteuer, Zigeunerei. Ich wartete zunächst mal auf Zeitungen, auf Bücher. Nichts! Nichts! Die Buchhändler erhalten nichts von der Post. Paris verhöhnt uns sichtlich: kein einziges neues Werk! Das ist der Tod! An Zeitungen habe ich bloß den ehrenwerten Courrier des Ardennes: Besitzer, Herausgeber, verantwortlicher Schriftleiter, Hauptschriftleiter und einziger Schriftleiter A. Pouillard. Dieses Blatt faßt zusammen die Ziele, die Wünsche, die Meinungen der Bevölkerung. Sagen Sie selbst: das ist doch eine eigene Note! … Man ist verbannt in seinem Vaterlande!!!

Zum Glück habe ich Ihr Zimmer, Sie erinnern sich an Ihre Erlaubnis. Die Hälfte Ihrer Bücher habe ich schon mitgenommen. Ich nahm mir »Le Diable à Paris«. Verraten Sie mir doch, ob es irgendwann noch Blöderes gegeben hat als Granvilles Zeichnungen. Ferner habe ich »Costal l'indien« und »Robe de Nessus«, zwei interessante Romane. Überhaupt, ich las alle Ihre Bücher. Vor drei Tagen machte ich mich an die »Épreuves«, dann an die »Glaneuses«, ja dies Werk las ich nochmals. Dann war ich durch, aus! Meine letzte Planke, Ihre Bibliothek, war erschöpft … »Don Quijote« kam mir in die Hände, zwei Stunden lang sah ich mir die Holzschnitte von Doré an, und nun habe ich wirklich nichts mehr.

Ich schicke Ihnen Verse. Die lesen Sie am Morgen, bei Sonnenlicht, wie ich sie schrieb. Hoffentlich sind Sie kein Professor mehr.

… (Zerrissene Stelle) … wollte Louisa Siefert kennenlernen, als ich Ihnen ihre letzten Verse lieh. Ich verschaffte mir Teile ihres ersten Gedichtbuchs, »Rayons perdus«, vierte Auflage. Da gibt es ein sehr bewegtes schönes Stück: »Marguerite«.*) Das ist nicht weniger schön als die Klagen der Antigone beim Sophokles.

Ich besitze die »Fêtes galantes« von Paul Verlaine, einen hübschen Kleinoktavband. Das ist toll, merkwürdig, tatsächlich bewundernswert. Manchmal mit großen Freiheiten: »Et la tigresse épou / vantable d'Hyrcanie« ist ein Vers daraus. Ich rate Ihnen, kaufen Sie sich »La Bonne Chanson«, einen kleinen Band des selben Dichters, er ist gerade bei Lemerre erschienen. Ich las ihn noch nicht, es kommt ja nichts hierher, aber mehrere Zeitungen schreiben darüber sehr gut.

Auf Wiedersehen, senden Sie mir einen Brief von fünfundzwanzig Seiten – postlagernd – und gleich.

A. Rimbaud

P. S. Bald Enthüllungen über das Leben, das ich später führen will, … in den Ferien.

*) Hier folgen die Verse, mit dem Schluß: »Mein Leben beträgt mit achtzehn Jahren / Soviel wie eine ganze Vergangenheit«.

Paris, 5. September 1870*)

Eilt sehr!

Lieber Herr Professor,

was Sie mir nicht zu tun rieten, das habe ich getan, ich bin nach Paris gefahren, ich habe das Haus meiner Mutter verlassen! Am 29. August fuhr ich hin. Gleich nach dem Aussteigen aus dem Zuge wurde ich verhaftet, denn ich hatte keinen Sou und schuldete der Eisenbahn dreizehn Francs. Also brachte man mich zur Präfektur, und heute erwarte ich mein Urteil in Mazas! … Oh! … Ich hoffe auf Sie sowie auf Mama. Sie sind zu mir immer wie ein Bruder gewesen. Inständig bitte ich Sie um diese Hilfe, die Sie mir doch angeboten haben! Ich schrieb an meine Mutter, an die Kaiserliche Staatsanwaltschaft, an den Polizeikommissar in Charleville. Haben Sie bis Mittwoch noch keine Nachricht von mir, ehe der Zug von Douai nach Paris abgeht, so nehmen Sie diesen Zug! Kommen Sie her, ersuchen Sie brieflich oder in persönlicher Audienz bei der Behörde um meine Freilassung, durch Bitten, durch Bürgschaft für mich, durch Bezahlung meiner Schulden! Tun Sie, was Sie können. Und gleich nach Ankunft dieses Briefes schreiben Sie gleichfalls (ich beauftrage Sie damit) jawohl, schreiben Sie an meine arme Mutter, Quai de la

*) An Georges Izambard.

Madeleine 5, Charlev., zu ihrer Beruhigung. Aber schreiben Sie auch an mich. Tun Sie alles! Ich liebe Sie wie einen Bruder, ich werde Sie wie einen Vater lieben.

Mit einem Händedruck

Ihr armer

Arthur Rimbaud
in Mazas.

(und wenn Ihnen meine Befreiung glückt, bringen Sie mich nach Douai mit ......)

Charleville, 2. November 1870*)

Sehr geehrter Herr Professor!

– Dies nur für Sie –

Ich bin nach Charleville zurückgekehrt, einen Tag nachdem ich Sie verlassen hatte. Meine Mutter nahm mich in Empfang, und ich bin da – ganz müßig. Die Mutter läßt mich erst im Januar wieder zum Unterricht gehen.

Also! ich habe mein Versprechen gehalten.

Ich sterbe, ich zersetze mich in dieser Plattheit, Übelkeit, Gräue … Was ist zu machen, ich bleibe mit furchtbarer Beharrlichkeit dabei: zu verehren die freie Freiheit und … alldas ist ein Jammer, nicht wahr? … Ich hätte noch heut wieder wegfahren müssen, ich hätte es gekonnt, ich trug einen neuen Anzug, hätte meine Taschenuhr verkauft und: hoch die Freiheit! … Also, ich bin geblieben! geblieben! … und möchte noch oftmals wieder wegfahren. Vorwärts, Hut her, Regenmantel, beide Fäuste in die Taschen, und ab! … Ich werde bleiben, bleiben. Das habe ich garnicht versprochen, aber ich tue es, um Ihre Zuneigung zu verdienen. Sie haben es mir so gesagt. Nun, ich verdiene sie.

Meine Dankbarkeit kann ich Ihnen heut nicht ausdrücken, später auch nicht, aber beweisen will ich sie. Ich

*) An Georges Izambard.

müßte etwas für Sie tun, daß ich stürbe, wenn ich es täte – auf mein Wort! … Ich habe noch eine Menge zu sagen …

Der »Ohne-Herz«

A. Rimbaud

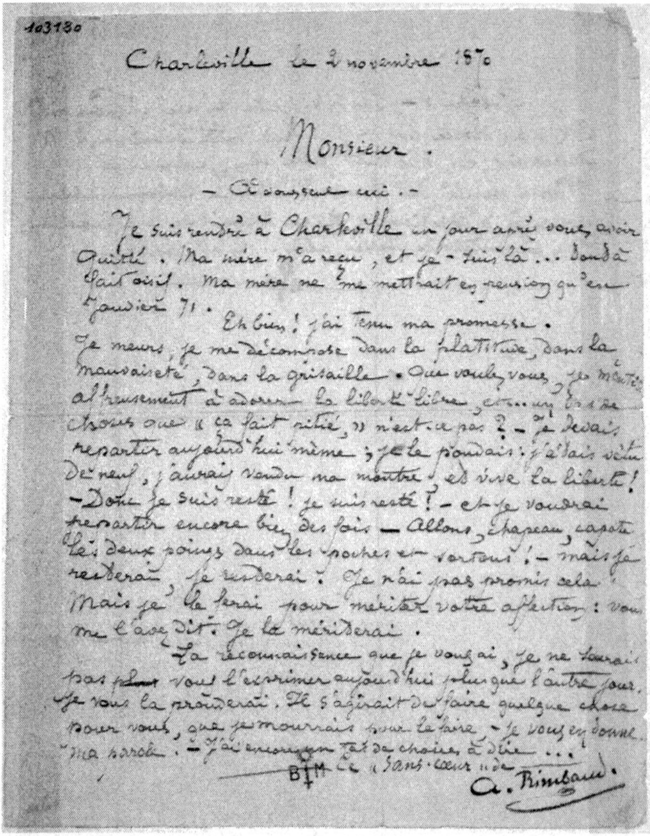

103130

Charleville le 2 novembre 1870

Monsieur.

– Ceci pour vous seul. –

Je suis rentré à Charleville un jour après vous avoir quitté. Ma mère m'a reçu, et je – suis là … tout à fait oisif. Ma mère ne me mettrait en pension qu'en janvier 71.

Eh bien! j'ai tenu ma promesse.

Je meurs, je me décompose dans la platitude, dans la mauvaiseté, dans la grisaille. Que voulez-vous, je m'entête affreusement à adorer la liberté libre, et … un tas de choses que « ça fait pitié, » n'est-ce pas? – Je devais repartir aujourd'hui même; je le pouvais: j'étais vêtu de neuf, j'aurais vendu ma montre, et vive la liberté! – Donc je suis resté! je suis resté! – et je voudrai repartir encore bien des fois – Allons, chapeau, capote, les deux poings dans les poches et sortons! – Mais je resterai, je resterai. Je n'ai pas promis cela! Mais je le ferai pour mériter votre affection: vous me l'avez dit. Je la mériterai.

La reconnaissance que je vous ai, je ne saurais pas vous l'exprimer aujourd'hui plus que l'autre jour. Je vous la prouverai. Il s'agirait de faire quelque chose pour vous, que je mourrais pour le faire, – je vous en donne ma parole. – J'ai encore un tas de choses à dire …

Ce « sans-cœur » de

A. Rimbaud.

Brief Rimbauds an seinen Lehrer Georges Izambard, 2. November 1870.

P.S. Krieg. Keine Belagerung von Mézières. Wann? Man spricht nicht davon. Ich habe Ihren Auftrag an Herrn Deverrière erledigt, und wenn mehr zu tun ist, mache ich es. – Hier und da gibt es Freischärlereien, blödsinnige Hautbläschen! und es ist der Geist der Bevölkerung. Man hört schöne Sachen, na! Alles in Auflösung.

Charleville, 15. Mai 1871*)

Ich habe mich entschlossen, Ihnen eine Stunde Unterricht in neuer Literatur zu geben. Ich beginne sogleich mit einem Psalm der Aktualität:

CHANT DE GUERRE PARISIEN

.......**)

Nunmehr etwas Prosa über die Zukunft der Poesie: – Jede antike Dichtung lief auf die griechische Dichtung hinaus, harmonisches Leben. Von Griechenland bis zur Romantik, Mittelalter, treten Literaten auf, Versemacher. Von Ennius bis Theroldus und von Theroldus bis zu Casimir Delavigne ist alles gereimte Prosa, Spielerei, Schlaffheit, Eitelkeit zahlreicher blöder Generationen: Racine ist der Reine, der Starke, der Große. Wenn man aber auf seine Reime nur mal draufpustete und seine Alexandrinerhälften durcheinanderrührte, dann würde der Göttliche Dummkopf heutzutage ebenso unbekannt sein wie der erste beste Verfasser von »Origines«. Nach Racine verschimmelte das Spiel. Es hat zweitausend Jahre angehalten!

Weder Scherz noch Widerspruch. Die Vernunft gibt mir über die Sache mehr Gewißheiten als ein Jung-Frankreich jemals an Zorneswallungen aufbringen könnte. Übrigens,

*) An Paul Demeny.

**) Unter den Titeln folgen im Original die Gedichte.

Freiheit für die Neuen, alle Ahnen zu verwerfen! Man ist bei sich zu Hause und hat Zeit.

Das Romantische ist niemals gerecht beurteilt worden. Wer hat es denn beurteilt? Die Kritiker!! Die Romantiker? Sie beweisen, daß so selten das Lied Werk ist: nämlich gesungener und vom Sänger begriffener Gedanke.

Denn: ICH ist ein Anderer. Wenn das Messing als Trompete aufwacht, ist es nicht seine Schuld. Darüber bin ich mir klar: ich wohne der Entfaltung meines Gedankens bei: ich sehe ihn an, ich höre ihm zu. Ich tue einen Bogenstrich: die Symphonie setzt die Tiefen in Bewegung oder kommt mit einem Sprung aufs Podium.

Hätten die alten Schafsköpfe noch etwas anderes vom Ich gefunden als falsche Bedeutungen, dann müßten wir nicht diese Millionen Gerippe wegfegen, die seit unendlichen Zeiten die Erzeugnisse ihres einäugigen Geistes aufstapeln, indem sie sich als Autoren ausschreien!

In Griechenland, sagte ich: Verse, Dichtungen, Rhythmen: Die Aktion. Später wird Musik und Reim zum Spiel, zur Unterhaltung. Das Studium dieser Vergangenheit entzückt die Neugierigen: manche freuen sich, solche Antiquitäten zu erneuen: – das geht nur sie an. Die universale Vernunft hat ihre Gedanken stets natürlich hingeworfen; die Menschen sammeln einen Teil dieser Früchte des Hirns auf; sie haben der Tätigkeit gedient, aus ihnen sind Bücher geschrieben worden: So marschierte man hin, da der Mensch sich noch nicht verarbeiten ließ, noch nicht erwacht war, jedenfalls nicht mit der Fülle des großen Traumbilds. Beamte – Schriftsteller. Schaffender, Schöpfer, Dichter – dieser Mensch ist niemals dagewesen!

Das erste Studium des Menschen, der ein Dichter sein will, geht auf seine vollständige Erkenntnis des Eigenen aus. Er sucht seine Seele, mustert sie, stellt sie auf die Probe, lernt sie. Sobald er sie weiß, muß er sie ausbauen: das erscheint einfach: in jedem Gehirn vollzieht sich eine natürliche Entwicklung; so viele Egoisten heißen sich Autoren; viele andere schreiben sich ihren geistigen Fortschritt zu! – Aber es handelt sich darum, die Seele ungeheuerlich zu machen: nach Art der Comprachicos, ha! Stellen Sie sich einen Menschen vor, der Warzen in sein Gesicht einpflanzt und sie pflegt.

Ich meine, man muß Seher sein, sich zum SEHER machen.

Der Dichter macht sich zum Seher durch eine lange, unermeßliche und durchdachte Entregelung sämtlicher Sinne. Alle Formen der Liebe, des Leidens, des Wahnsinns; er sucht selbst und erschöpft in sich alle Gifte, um nur ihre Quintessenzen zu behalten. Unaussprechliche Marter, in der er jeden Glauben und übermenschliche Stärke nötig hat – er wird unter Allen der große Kranke werden, der große Verbrecher, der große Verdammte – und der höchste Weise! Denn er gelangt bis an das Unbekannte! da er seine schon reiche Seele mehr als irgendeiner ausgebaut hat! Er gelangt bis ans Unbekannte; und wenn er etwa närrisch würde und den Verstand seiner Visionen verlöre, er hat sie gesehen! Mag er beim Anprall an die unerhörten und unnennbaren Dinge verrecken: es kommen andere furchtbare Arbeiter. Sie werden an den Horizonten beginnen, wo er hingesunken ist.

– Fortsetzung in sechs Minuten. –

Hier schalte ich einen zweiten Psalm ein, außerhalb des Textes: Ich bitte um Ihr geneigtes Ohr, jedermann wird bezaubert sein. Ich habe den Bogen in der Hand, ich beginne:

MES PETITES AMOUREUSES

....

So. Und merken Sie an: Wenn ich nicht fürchtete, Ihnen eine Ausgabe von mehr als 60 c für Porto zu verursachen – ich armer Verstörter, der seit sieben Monaten kein einziges Bronzemünzlein in der Hand hatte! – dann würde ich Ihnen noch meine Amantes de Paris, hundert Hexameter, lieber Herr, und meine Mort de Paris, zweihundert Hexameter, liefern.

– Ich fahre fort:

Der Dichter ist demnach in Wahrheit: Dieb des Feuers.

Er hat sich um die Menschlichkeit zu kümmern, sogar für die Tiere. Er muß seine Erfindungen spürbar, fühlbar, hörbar machen. Wenn das, was er a u s d e r T i e f e berichtet, Form hat, gibt er Form. Wenn es unförmig ist, gibt er Formwidriges. Eine Sprache finden.

Da übrigens jedes Wort Gedanke ist, wird kommen die Zeit einer universalen Sprache! Man muß Akademiker sein, also gründlicher tot als ein Fossil, um ein Wörterbuch herzustellen, ganz gleich welcher Sprache. Schwächliche Leute denken und denken über den ersten Buchstaben des Alphabets nach und könnten bald einmal im Wahnsinn hinten ausschlagen!

Jene Sprache wird Seele für die Seele sein, alles enthaltend, Düfte, Klänge, Farben; Gedanke, der Gedanken mit sich verhakt und nach sich zieht. Der Dichter möge die Menge des Unbekannten abgrenzen, wachwerdend in seiner Zeit, in der universalen Seele: Er gebe mehr als die Formel seines Gedankens, als die Aufzeichnung seines Marsches zum Fortschritt! Von Allen aufgenommen als eine Maßlosigkeit, die verständliches Maß wird: könnte er wahrhaftig ein *Vervielfacher des Fortschritts* sein!

Diese Zukunft wird, wie Sie sehen, materialistisch. Immer von der *Zahl* und von der *Harmonie* erfüllt: werden die Gedichte danach sein, daß sie bleiben. – Im Grunde bedeutet dies noch etwas griechische Dichtung.

Die ewige Kunst wird ihre Ämter haben, da die Dichter Bürger sind. Die Dichtung wird nicht mehr die Aktion rhythmisieren, sie wird *voran* sein.

Diese Dichter werden leben! Wenn die endlose Leibeigenschaft der Frau gebrochen ist, wenn sie für sich und durch sich selbst leben wird, wenn der (bisher abscheuliche) Mann sie verstoßen hat, wird sie Dichterin sein, auch sie. Die Frau kann Unbekanntes finden! Werden ihre Gedankenwelten von den unseren abweichen? Sie kann merkwürdige, unergründliche, abstoßende, entzückende Dinge finden. Wir werden sie fassen, erfassen.

Inzwischen fordern wir vom Dichter Neues, in Gedanken und Formen. Alle geschickten Leute glauben natürlich in Kürze dieser Forderung genügt zu haben: aber das ist es nicht!

Die ersten Romantiker sind Seher gewesen, ohne Bewußtsein davon: die Förderung ihrer Seelen hat bei den Unfällen eingesetzt: verlassene, aber noch geheizte Lokomotiven, die eine Weile auf den Gleisen weitergleiten –

Lamartine ist zuweilen Seher, doch von der alten Form erwürgt. Hugo, zu querköpfig, mußte in seinen letzten Werken sehen: Les Misérables sind eine wahrhafte Dichtung …*)

… Die neue Schule hat zwei Seher, Albert Mérat und Paul Verlaine, der ein echter Dichter ist. – Das ist es.

So arbeite ich daran, mich zum Seher zu machen: – Und wir schließen mit einem gottesfürchtigen Gesang:

ACCROUPISSEMENTS

………

Sie wären zu verdammen, wenn Sie nicht antworten würden: rasch, denn in acht Tagen bin ich vielleicht in Paris. Auf Wiedersehen.

Arthur Rimbaud

*) Es folgen weitere Besprechungen und Aufzählungen Rimbauds.

Charleville, August 1871*)

Lieber Herr,

ich muß wieder meine Bitte vorbringen. Also, hier klage ich Ihnen das ganze Lied. Ich suche nach ruhigen Worten, doch meine Kenntnis der Kunst ist nicht tief. Nun:

Lage des Angeklagten: Ich habe seit länger als einem Jahre das übliche Dasein aufgegeben, um des andern willen, von dem Sie wissen. Ständig eingesperrt in dieser Ardennengegend, ohne Verkehr mit irgendeinem Menschen, zurückgedrängt auf eine beschämende Arbeit, untauglich, widerspenstig, versteckt, auf Fragen und grobe oder böse Anreden nur mit Stillschweigen antwortend, in würdiger Haltung bei einem so außergesetzlichen Zustande: habe ich am Ende unmäßige Entschlüsse bei einer Mutter hervorgerufen, die ebenso unbeugsam ist wie dreiundsiebzig Behörden in Mützen aus Blei.

Sie gedachte mir lebenslängliche Arbeit aufzuerlegen, in Charleville (Ardennen). Eine Stellung bis zu dem und dem Tage! äußerte sie, oder hinaus! Ich wies ein solches Leben zurück, ohne Angabe von Gründen; es wäre erbärmlich. Bis heute konnte ich den Verfallstag hinausschieben. Sie ist dahin gekommen, daß sie täglich auf meine unbesonnene Abreise lauert, auf meine Flucht! Mittellos und ohne Erfah-

*) An Paul Demeny?

rung würde ich dann doch in die Korrektionsanstalt kommen. Und von dem Augenblick an: Schweigen um mich!

Das ist der Knebel Ekel, den man mir in den Mund gestopft hat. Man macht es sich einfach.

Ich wünsche mir von Ihnen nichts als eine Auskunft. Ich will frei arbeiten, doch in Paris, das ich liebe. Sehen Sie, ich bin ein Fußgänger, sonst nichts. In die große Stadt komme ich ohne irgendeine wirtschaftliche Aussicht. Aber Sie sagten mir: wer ein Arbeiter zu fünfzehn Sous den Tag werden will, melde sich da und da, tue das und das, lebe so und so. Ich will mich melden, will tun, will leben. Ich bat Sie um Angabe von Beschäftigungen, die mich nicht ganz aufsaugen. Denn der Gedanke braucht seine gehörigen Schnitten Zeit. Wenn ich Dichter sein will, sind solche wirtschaftlichen Schaukeln zu gebrauchen. Ich bin dann in Paris und muß richtig haushalten! Finden Sie mich nicht ehrlich? Mir erscheint es aber seltsam, daß ich Ihnen meine Ernsthaftigkeit beteuern muß.

Ich hatte diesen Einfall, wohl den einzigen vernünftigen, und gebe ihn hier in anderer Form wieder. Guten Willens bin ich, tue, was ich kann, rede so verständlich wie ein Unglücklicher! Weshalb ein Kind schelten, das für zoologische Dinge unbegabt ist und sich einen Vogel mit fünf Flügeln wünscht? Man könnte erreichen, daß es auch an Vögel mit sechs Schwänzen oder drei Schnäbeln glaubt. Wenn man ihm eine Volksausgabe des Buffon gäbe, wäre es schon abgelenkt.

Ohne eine Ahnung, was Sie mir schreiben werden, breche ich nun meine Erklärungen ab *(unleserliche Worte)* …, um mich Ihrer Erfahrung und Freundlichkeit anzuvertrauen, die ich schon beim Empfang Ihres Buches pries. Und ich hoffe, Sie werden ein wenig von meinen Gedanken ausgehen, – bitte.

Würden ein paar Proben meiner Arbeit Sie nicht zu sehr langweilen?

A. Rimbaud

Laïtou (Roche), Mai 1873*)

Lieber Freund,

Du ersiehst mein gegenwärtiges Dasein aus dem Aquarell unten.

O Natur! O meine Mutter!

(Federzeichnung: Im Himmel ein kleiner Spießbürger mit einem Spaten in Monstranzform, aus seinem Munde kommen die Worte: »O Natur! O meine Schwester!« Auf der Erde ein größerer Spießer in Holzschuhen, eine Schaufel in den Händen, auf dem Kopf eine baumwollene Mütze, in einer Landschaft mit Blumen, Gräsern, Bäumen. Im Gras eine Gans, aus deren Schnabel die Worte kommen: »O Natur! O meine Tante!«)

Eine Scheiße! Und die gräuliche Unschuld auf dem Lande! Abends muß man zwei Meilen und mehr laufen, um etwas zu trinken. Die mother hat mich da in ein trauriges Loch gesetzt.

(Federzeichnung: Der Weiler Roche, von dem Hause aus gesehen, in dem die Saison en Enfer geschrieben wurde. Am Rande unten die Worte: »Laïtou, mein Dorf«).

Ich weiß nicht, wie ich mich da herausbringe, aber ich bringe mich heraus. Ich bereue dies entsetzliche Charlestown, Universit., Biblioth. usw. Trotzdem arbeite ich ganz regelmäßig, schreibe kleine Prosageschichten; allgemeiner Titel: Heidnisches Buch, oder Negerisches Buch. Es ist

*) An Ernest Delahaye.

blöd und unschuldig. O Unschuld! Unschuld; Unschuld, Unsch … Geißel!

Verlaine muß Dir den unglückseligen Auftrag gegeben haben, mit dem Herrn Devin zu verhandeln, dem Drucker des Nôress**). Dieser Devin könnte Verlaines Buch ganz billig und einigermaßen sauber herstellen (wenn er nicht die verdreckte Schrift seines Nôress benutzt, und er wäre imstande, ein Klischee oder eine Annonce hineinzukleben).

Sonst habe ich Dir nichts zu sagen, da mich die Betrachtung der Natur völlig in Anspruch nimmt. Ich gehöre Dir, o Natur, o meine Mutter! Lieber Freund, ich drücke Dir die Hände, in der Hoffnung auf ein Wiedersehen, das ich nach Kräften beschleunigen will. *Rimbaud*

Ich mache meinen Brief wieder auf. Verlaine muß Dir ein Zusammentreffen am Sonntag, 18., in Bouillon vorgeschlagen haben. Ich kann nicht kommen. Wenn Du hingehst, wird er Dir wahrscheinlich einige Prosabruchstücke von mir oder von ihm aufladen, zur Rückgabe. – Die Mutter Rimb. kehrt im Laufe des Juni nach Charlestown zurück. Das ist gewiß, und ich werde versuchen, in der hübschen Stadt noch eine Weile zu verharren. – Die Sonne ist drückend, und am Morgen ist Frost. Vorgestern war ich in Vouziers, Unterpräfektur mit 10 000 Seelen, sieben Kilometer von hier, um die Prussmans zu sehen. Das erheiterte mich. – Ich bin schrecklich gehemmt. Kein Buch. Kein

**) Le Nord-Est, Zeitung von Charleville.

Restaurant in Reichweite. Kein Ereignis auf der Straße. Auf dem Lande in Frankreich ist es furchtbar. Mein Schicksal hängt von diesem Buche ab, für das noch ein halbes Dutzend ungeheuerlicher Geschichten zu erfinden sind. Aber wie soll man hier Ungeheuerlichkeiten erfinden? Ich sende Dir keine Geschichten, obwohl ich schon drei habe, es kostet so viel! Na also auf gutes Wiedersehen, Du wirst schauen. *Rimb.*

Nächstens schicke ich Dir Marken, damit Du mir den »Faust« von Goethe kaufst und sendest, Volksbücherei. Es kostet wohl einen Sou Porto. Schreibe mir, ob es unter den neuen Bänden dieser Bücherei eine Shakespeare-Übertragung gibt. Schicke mir auch, wenn Du kannst, den neuesten Katalog. *R.*

Alle folgenden Briefe sind an Rimbauds Familie gerichtet. A. d. H.

Aden, 25. August 1880

Meine Lieben,

wenn ich mich nicht irre, habe ich Euch im letzten Brief berichtet, auf welch unglückliche Art ich Zypern verlassen mußte und daß ich nach dem Marsch durchs Rote Meer hier ankam.

Ich bin jetzt im Büro einer Kaffeefirma. Der Agent der Gesellschaft ist ein pensionierter General. Man macht ganz gute Geschäfte und wird noch bessere machen. Ich verdiene nicht viel, nicht mehr als sechs Francs den Tag. Aber wenn ich hier bleibe – und das muß sein, denn man ist nun zu weit von allem entfernt, erst muß man in ein paar Monaten einige hundert Francs verdient haben, um im Notfall wieder weggehen zu können – wenn ich also bleibe, hoffe ich einen Vertrauensposten zu erhalten, vielleicht eine Agentur in einer anderen Stadt, und so könnte ich etwas rascher Geld verdienen.

Aden ist ein grauenhafter Felsen, ohne einen Grashalm, ohne einen Tropfen guten Wassers; man trinkt destilliertes Meerwasser. Die Hitze ist entsetzlich, besonders im Juni und September, das sind die beiden Monate der Hundstagszeit. Die ständige Temperatur in einem frischen, gelüfteten Büro ist Tag und Nacht 35 Grad. Alles ist sehr teuer, und so weiter. Aber es hilft nichts, ich bin hier gefangen und habe mindestens drei Monate auszuhalten, bis ich einigermaßen auf den Beinen bin oder eine bessere Stellung bekomme.

Und das Haus? Ist die Ernte beendet? Schreibt mir was es bei Euch Neues gibt.

Arthur Rimbaud

Harar, 6. Mai 1883

Meine lieben Freunde,

am 30. April erhielt ich in Harar Euren Brief vom 26. März. Ihr sagt, daß Ihr mir zwei Kisten mit Büchern geschickt hättet. Ich erhielt nur eine, in Aden, für die Dubar 25 Francs ausgelegt hat. Die andere mit dem Winkelmesser ist vermutlich inzwischen angekommen. Denn ich sandte Euch vor der Abreise von Aden einen Scheck über 100 Francs, mit einer neuen Bücherliste. Ihr habt den Scheck wohl eingelöst und die Bücher gekauft. Gegenwärtig habe ich gar keinen Überblick über die Daten. Ihr bekommt nächstens wieder einen Scheck, 200 Francs; die Gläser zum Photographieren sind mir ausgegangen.

Dies Geschäft verspricht allerhand; sobald ich will, schlage ich die 2000 Francs Anschaffungskosten rasch heraus. Hier möchte sich jeder photographieren lassen, man bietet eine Guinee für das Bild. Noch habe ich mich nicht eingerichtet und weiß nicht recht Bescheid, bald aber schicke ich Euch merkwürdige Sachen. In der Anlage nur ein paar Bilder von mir, die ich selbst aufgenommen habe.

Ich befinde mich hier immerhin besser als in Aden. Weniger Arbeit und mehr Luft und Grün … Meinen Vertrag habe ich auf drei Jahre erneuert, aber vielleicht muß die Firma bald schließen. Das Land ist nicht ruhig. Außerdem sind die Unkosten groß und werden durch die Gewinne kaum gedeckt. Wenn man mich entläßt, erhalte ich laut

Vereinbarung mein Gehalt noch für drei Monate. Ende dieses Jahres bin ich drei volle Jahre bei der Firma.

Isabella hat unrecht, sich nicht zu verheiraten, wenn ein ernsthafter und gebildeter Mann kommt, ein Mann mit einer Zukunft.

So ist das Leben, und die Einsamkeit hier ist eine schlimme Sache. Und ich bedauere, nicht verheiratet zu sein und keine eigene Familie zu haben. Ich bin noch verdammt, umherzuirren, angeschirrt an ein fernes Unternehmen. Und täglich verliere ich gründlicher den Sinn für Europas Klima und Lebensweise, sogar für die Sprache.

Ach, wozu dient all das Gehen und Kommen, und die Anstrengungen und Abenteuer unter fremden Rassen, und die Sprachen, mit denen man sein Gedächtnis anfüllt, und die namenlosen Quälereien – wenn ich mich doch nach Jahren keinen einzigen Tag lang an einer Stelle ausruhen kann, die mir einigermaßen gefällt! Ja, ich müßte eine Familie haben und wenigstens einen Sohn, den ich für den Rest meines Lebens nach meinen Vorstellungen erziehe, den ich mit den vollkommensten Kenntnissen dieser Epoche schmücke und waffne, um ihn einmal als berühmten Ingenieur zu sehen, als einen mächtigen geistigen Menschen! Aber wer weiß, wie lang mein Leben in diesen Bergen dauert? Ich kann inmitten dieser Völkerstämme verschwinden, ohne daß jemals eine Nachricht hinausdringen würde.

Ihr schreibt mir politische Neuigkeiten. Wenn Ihr wüßtet, wie gleichgültig mir das ist. Seit über zwei Jahren habe ich keine Zeitung mehr angerührt. All diese Auseinandersetzungen sind mir unverständlich. Wie die Muselmanen weiß ich: Was kommt, das kommt; und damit gut.

Die einzigen Dinge, die mich etwas angehen, sind Nachrichten von zu Hause. In der Vorstellung Eurer ländlichen Arbeit mich auszuruhen, macht mich immer glücklich. Schade, daß es bei Euch im Winter so kalt und düster ist. Aber jetzt habt Ihr Frühling, und in dieser Zeit entspricht Euer Klima dem meinen in Harar.

Von den beigefügten Bildern stellt mich das eine auf einer Terrasse des Hauses dar, das andere, auf dem ich gleichfalls aufrecht stehe, in einem Kaffeegarten, ein drittes mit verschränkten Armen in einer Bananenpflanzung. Sie sind sehr blank geworden, durch das schlechte Waschwasser; später werde ich bessere Arbeit liefern. Es vermittelt Euch immerhin eine Erinnerung an mein Gesicht und eine Anschauung von der hiesigen Landschaft.

Auf Wiedersehen.

Rimbaud

Aden, 30. Dezember 1884

Meine lieben Freunde,

Dank für Eure Glück- und Gesundheitswünsche, die ich Euch für jeden Tag des kommenden Jahres zurückgebe.

Wie Ihr ganz richtig schreibt: zum Ackern werde ich mich niemals berufen fühlen, und ich habe gegen die Verpachtung der Ländereien nichts einzuwenden. Für Euch hoffe ich, daß sie sich bald und gut verwerten lassen. Ein eigenes Heim zu behalten ist immer eine schöne Sache. Es wäre mir so angenehm, mich bei Euch zur Ruhe setzen zu können. Ja, auszuruhen, das würde mich ganz glücklich machen. Aber nirgends zeichnet sich eine solche Möglichkeit ab. Bisher konnte ich mich hier ernähren. Gehe ich fort, was würde ich dafür eintauschen? Soll ich mich dort auf dem Lande vergraben, wo niemand mich kennt, wo ich garkeine Gelegenheit zum Verdienen habe? Ihr schreibt selbst, daß ich nur kommen kann, um mich zur Ruhe zu setzen. Dazu aber braucht man eine Rente, um sich zu verheiraten, braucht man eine Rente, und die ist nicht vorhanden. Auf lange Zeit noch bin ich verdammt, die Fährte der Nahrung zu verfolgen, bis ich einmal mit letzter Anstrengung so viel zusammenraffe, daß es für den Ruhestand reicht.

Gegenwärtig besitze ich 13 000 Francs. Was fange ich damit in Frankreich an? Welche Ehe kann ich damit eingehen? Arme und anständige Frauen findet man überall auf der Welt! Soll ich mich daheim verheiraten, wenn ich doch immer gezwungen wäre, um des Unterhalts willen zu reisen?

Kurz, ich habe dreißig Jahre mit beträchtlichen Dummheiten verbracht, und ich sehe nicht, daß dies ein Ende nimmt und besser wird.

Wenn Ihr einen nützlichen Vorschlag machen könntet, würde ich mich freuen. Die Geschäfte gehen jetzt schlecht, ich weiß nicht, ob man mich weiter anstellen wird oder zu welchen Bedingungen. Viereinhalb Jahre bin ich hier. Ich möchte im Gehalt nicht verkürzt werden, aber, wie gesagt, die Geschäfte gehen sehr schlecht. Dazu kommt noch in drei bis vier Monaten der Sommer, und der Aufenthalt in Aden wird dann wieder entsetzlich.

Natürlich sind es die Engländer, die mit ihrer albernen Politik den Handel an diesen Küsten untergraben. Sie wollten alles neu in die Hand nehmen und haben alles schlechter gemacht als die von ihnen zugrunde gerichteten Ägypter und Türken. Ihr Gordon ist ein Idiot, ihr Wolseley ein Esel, ihre Unternehmungen sind eine einzige Folge von hohlen Sinnlosigkeiten und Erpressungen. Über den Sudan erfährt man hier nicht mehr als in Frankreich. Es kommt niemand aus Afrika, alles ist in Unordnung, und die englische Verwaltung in Aden hat nur das eine Interesse: Lügen zu verbreiten. Die Sudan-Expedition wird vermutlich keinen Erfolg haben.

Auch Frankreich macht hier dummes Zeug: Vor einem Monat hat man die Bai von Tadjourah besetzt, um die Zugänge zur Straße nach Abessinien und Harar in der Hand zu halten. Aber jene Küste ist die vollkommenste Ödnis, die daran gewandten Kosten müssen verloren sein, wenn man nicht bald zur Hochebene im Innern (Harar), schönen gesunden fruchtbaren Gegenden, weiter kommen kann. Wir beobachten auch, daß Madagaskar, eine an sich gute Kolonie, sich unserer Herrschaft noch nicht ergibt. Und Hunderte von Millionen wirft man für Tonking aus, das nach allen Berichten ein elendes, gegen Einfälle nicht zu verteidigendes Gebiet ist.

Ich glaube, kein Volk treibt so ungeschickte Kolonialpolitik wie das französische. Wenn England Fehler macht und Geld ausgibt, handelt es sich doch um ernsthafte Interessen und bedeutsame Aussichten. Keine Macht aber verschleudert ihr Geld mit bloßem Verlust an den unmöglichsten Orten so wie Frankreich.

In acht Tagen teile ich Euch mit, ob ich meine Stellung behalte oder was mit mir wird. Ganz der Eure.

Rimbaud

Aden, 15. Januar 1885

Meine lieben Freunde,

meine Anstellung ist um ein Jahr verlängert worden, also bis Ende 1885. Aber es kann sein, daß die Geschäfte vor diesem Termin abgebrochen werden. Hierzulande steht es schlimm, seit den Vorgängen in Ägypten. Jedenfalls bin ich nun, trotz meines Abscheus gegen den Ort und gegen die Tätigkeit, noch für einige Zeit an Aden gebunden. Es ist im übrigen besser, ich bleibe hier, wo ich mich durch Arbeit erhalten kann. Welche Aussichten hätte ich anderswo? Aber es ist gleich, die Jahre gehen hin, ich führe ein stumpfsinniges Dasein, ich erspare mir keine Rente; auch hier werde ich nie zu dem kommen, was ich mir wünsche.

Meine Arbeit besteht in Einkäufen von Kaffee. Ich kaufe monatlich für etwa 200 000 Francs. 1883 machte es mehr als 3 Millionen im Jahr. Ich kaufe auch viele andere Dinge ein: Gummi, Weihrauch, Straußenfedern, Elfenbein, gegerbte Häute, Gewürznelken usw. usw.

Mein Photo sende ich Euch nicht. Wozu? Übrigens bin ich immer schlecht angezogen, man kann hier nur leichtes Baumwollzeug tragen.

Die Leute, die einige Jahre in Aden waren, können den Winter nicht mehr in Europa verbringen. Sie würden rasch an irgendeiner Lungenkrankheit verrecken. Komme ich also zurück, dann nur im Sommer, und ich müßte im Winter wenigstens ans Mittelmeer gehen. Auf jeden Fall rechnet damit, daß mein Wesen stets vagabundisch bleiben wird. Dies muß sich sogar steigern, denn wenn ich die Mittel zum Reisen habe und nicht mehr beim Broterwerb ausharren muß, wird man mich keine zwei Monate am selben Ort sehen. Die Welt ist voll herrlicher Länder. Um sie alle zu besuchen, würden die vereinten Leben von tausend Menschen nicht ausreichen. In Armut aber will ich nicht herumwandern. Einige tausend Francs Rente muß ich haben, um jährlich in zwei, drei verschiedenen Gegenden weilen zu können und bei bescheidener Lebensweise mich auf gescheite Art mit ein paar wichtigen Arbeiten zu beschäftigen.

Doch es ist wahrscheinlicher, daß jeder dorthin gehen muß, wohin er nicht gehen will, und daß man eher tun muß, was man nicht tun will, und daß man ganz anders lebt und stirbt, als man jemals dachte, ohne Hoffnung auf irgendeinen Ausgleich.

Die Koran-Ausgaben bekam ich längst, gerade vor einem Jahr, in Harar. Von den übrigen Büchern habe ich einen Teil behalten, den Rest verschenkt (zu schwer für die Reisen durch die Wüste). Ich hätte gern noch andere Bücher durch Euch, aber das ist so belastend. Hier gibt es sonst keinerlei Zerstreuung, weder Zeitungen noch Bibliotheken, man lebt wie die Wilden. Also schreibt vielleicht doch an die Buchhandlung Hachette und fragt nach der neuesten Ausgabe des Dictionnaire de Commerce et de Navigation von Guillaumin. Wenn eine Ausgabe nach 1880 erschienen ist, schickt sie mir (zwei dicke Bände, zu 100 Francs, aber bei Sauton erhält man Rabatt).

Der Eure.

Rimbaud

Aden, 14. April 1885

Meine lieben Freunde,

ich sehe aus Eurem Brief vom 17. März, daß Eure Angelegenheiten recht gut stehen. Wenn Ihr Euch über die Kälte beklagt, so ich über die Hitze, die hier gerade eingesetzt hat. Es ist schon zum Ersticken, und dies wird bis Ende September andauern.

Ich leide an einem gastrischen Fieber, verdaue schlecht. Mein Magen ist schwach geworden und macht mich den Sommer über sehr elend. Ich weiß gar nicht, wie ich diesen Sommer überstehen soll, fürchte stark, daß ich den Platz verlassen muß, meine Gesundheit ist zerrüttet. Ein Jahr hier bedeutet soviel wie fünf anderswo. Afrika dagegen, Harar, Abessinien ist sehr gut, dort würde es mir auch besser gefallen als in Europa.

Ich habe immer die gleichen Bezüge und Prozente auf alle meine Einkäufe; davon gebe ich für mich keinen Sou aus. Das eingenommene Geld würde am Jahresende unvermindert vorhanden sein, wenn ich nicht einige kleine Dienste*) zu erweisen hätte, die immerhin gehörige Beträge auffressen. Neben meinem Gehalt bezahlt man mir

*) Bardey schreibt darüber: »Rimbaud war den armen Leuten sehr gefällig, die auf gut Glück ausgewandert waren und nun enttäuscht und zerbrochen so rasch wie möglich nach Haus verlangten. Diese geheime und ausgiebige Hilfe war eine der seltenen Sachen, die er ohne Spott und Ekel tat«.

Essen und Wohnung, Pferde, Wagen, Reisekosten. Alles ist sehr teuer. Ich trinke nichts als Wasser und verbrauche davon monatlich für 15 Francs! Ich rauche garnicht, meine baumwollenen Anzüge kosten jährlich 50 Francs. Entsetzlich schlecht lebt man hier, für teures Geld. Man schläft jede Nacht des Jahres unter freiem Himmel, und doch kommt meine Wohnung auf monatlich 40 Francs! Dies gräßliche Dasein werde ich nächstes Jahr bestimmt nicht weiterführen. Um keinen Preis würdet Ihr so leben wollen wie ich! An Europäern gibt es hier nur ein paar idiotische Handlungsangestellte, die ihre Gehälter beim Billardspiel draufgehen lassen und fluchend wieder davonziehen.

Aber noch vor einigen Jahren war der Handel in diesen Ländern gut. Aller Mokkakaffee kommt von hier, seit die Stadt Mokka verlassen ist. Auch der Umsatz der übrigen Waren geschieht auf sehr mannigfache Art. Wir in Aden befassen uns hauptsächlich mit dem Kaffee, und ich besorge den Einkauf und die Versendung. In sechs Monaten habe ich für 1100000 Francs eingekauft. Aber in Frankreich geht der Mokka nicht, der Gewinn deckt kaum die wachsenden Kosten. Sehr schwierig sind die Geschäfte geworden, und ich möchte mich auf möglichst einfachem Wege mit Vorteil herausziehen. Ich bin täglich von sieben Uhr morgens bis fünf Uhr nachmittags beschäftigt und habe keinen Ruhetag. Wann wird dies Leben enden?

Wer weiß, vielleicht bombardiert man uns nächstens. Die Engländer haben sich ja ganz Europa zum Feinde gemacht. In Afghanistan, wo der Krieg begonnen hat, werden sie vorläufig den Russen weichen müssen. Und nach einigen Jahren wird ihnen Rußland erst recht auf den Hals rücken.

Im Sudan ist die geschlagene Expedition von Khartum auf dem Rückzug. Nach meiner Kenntnis des Klimas wird sie zu zwei Dritteln aufgerieben sein. Bei Suakim werden die Engländer jetzt nicht vorgehen, ehe sie nicht wissen, wie die Dinge in Indien verlaufen. Außerdem sind die Wüsten von Mai bis September für Heere mit großem Train unüberwindlich.

In Obock beschäftigt sich die kleine französische Verwaltung damit, die Regierungsgelder zu verprassen und zu verschleudern, und diese greuliche Kolonie, bisher kolonisiert von zehn Banditen, sieht für sich selbst keinen Sou! Die Italiener haben sich in Massaua eingenistet, niemand weiß, wie. Wahrscheinlich müssen sie es räumen, da England nichts mehr für sie tun kann.

In Voraussicht kommender Kriege erneut man in Aden das gesamte Befestigungssystem. Mir würde es Spaß machen, wenn dieser Ort zu Staub zerschossen würde – aber nicht, solange ich darin bin.

Euer *Rimbaud*

Den photographischen Apparat habe ich verkauft, ohne Verlust.

Aden, 28. September 1885

Meine Lieben,

den Vertrag, den ich Euch hier sende, könntet Ihr vorweisen, falls Reklamationen von der Militärbehörde kommen. Wenn ich bleibe, läuft mein neuer Vertrag vom 1. Oktober an, wahrscheinlich auf sechs Monate, aber den nächsten Sommer verbringe ich nicht mehr in Aden, hoffentlich. Ihr könnt Euch diesen Ort nicht vorstellen. Hier gibt es keinen Baum, auch keinen vertrockneten, keine Erdkrume, keinen Tropfen Süßwasser. Aden ist der Krater eines erloschenen, mit Meersand ausgefüllten Vulkans. Man sieht und berührt nur Sand und Lava, die nicht einmal den spärlichsten Wuchs hervorbringen können. Die Umgebung ist dürre Einöde. Die Wände des Kraters halten die Luft von der Stadt ab. Wir braten auf dem Grunde dieses Loches wie in einem Kalkofen. Man muß schon ein Opfer des Schicksals sein, um sich in solcher Hölle beschäftigen zu lassen. Der einzige Umgang sind die Beduinen der Gegend. Man muß binnen weniger Jahre vollkommen schwachsinnig werden. Aber! ich brauche nur Geld genug zum Leben zusammenzuverdienen und kann mich dann gescheiteren Beschäftigungen zuwenden!

Leider sinkt der Frankenkurs der Rupie in Bombay täglich. Früher stand sie auf 2 Francs 10 Centimes, jetzt gilt sie nur noch 1 Franc 90, in drei Monaten ist sie so stark gefallen. Wenn die Übereinkunft über das lateinische Münzsystem unterzeichnet wird, steigt die Rupie vielleicht auf 2 Francs. Das Geld entwertet sich ja allenthalben. Überhaupt, es ist schauderhaft, abstoßende Länder und jämmerliche Geschäfte: das vergiftet das Dasein. Wie angenehm, wenn man nach fünfjähriger Arbeit den Wert seines Geldes immer geringer werden sieht!

Indien ist interessanter als Arabien. Ich könnte auch nach Tonking gehen. Dort ist gegenwärtig sicher etwas zu machen. Und gibt es nichts, so könnte ich zum Panamakanal vorstoßen, der noch lange nicht fertig ist.

Ich werde sehen. Der Eure:

Rimbaud

Harar, 25. Februar 1890

Liebe Mutter und Schwester,

wundert Euch nicht, daß ich so selten schreibe. Der eigentliche Grund dafür ist, daß ich nichts erhebliches zu berichten weiß. Lebt man in einem solchen Lande, dann hat man mehr zu fragen als zu sagen. Einöden, von stumpfen Negern bewohnt, ohne Wege, ohne Boten, ohne Reisende: was soll man Euch von hier schreiben? Daß ich mich langweile und mich ärgere und verdumme, daß ich genug davon habe und doch nicht Schluß machen kann usw. usw.! Das ist alles, was zu sagen wäre! Ja, das ist alles. Und da dergleichen auch für die anderen nicht vergnüglich ist, sollte ich lieber schweigen.

Im übrigen mordet und plündert man nicht schlecht in dieser Gegend. Glücklicherweise bin ich noch niemals dabei gewesen, möchte meine Haut auch durchaus nicht hierlassen, es wäre zu dumm. Tatsächlich bringt man mir am Ort und unterwegs eine gewisse Achtung entgegen, dank meinem menschlichen Verfahren. Nie habe ich jemandem Böses zugefügt. Ich tue im Gegenteil Gutes, wo ich Gelegenheit habe, und das ist meine einzige Freude.

Mit dem Herrn Tian, der Euch beruhigend über mich schrieb, stehe ich in geschäftlicher Verbindung. Diese Geschäfte würden garnicht schlecht aussehen, wenn die Wege nicht jeden Augenblick durch Kriege und Aufstände für die Karawanen gefährlich und unbenutzbar wären. Tian ist ein großer Handelsherr aus der Stadt Aden; er selbst reist niemals für uns.

Die Leute von Harar sind weder dümmer noch gemeiner als die weißen Neger der sogenannten zivilisierten Länder.

Sie sind von anderer Art, das ist alles. Sie haben sogar weniger Bosheit in sich und können sich als dankbar und treu erweisen, wenn man nur menschlich mit ihnen umgeht.

Der Ras Makonnen, dessen Namen Ihr sicher in den Zeitungen gelesen habt, führte im vorigen Jahr eine abessinische Gesandtschaft nach Italien, die großes Aufsehen erregte. Er ist Gouverneur von Harar.

Bis auf Wiedersehen!

Euer

Rimbaud

Aden, 30. April 1891

Meine lieben Freunde,

die beiden Strümpfe*) kamen mit Eurem Briefe an, aber unter traurigen Umständen. Da die Geschwulst an meinem rechten Knie und der Schmerz im Gelenk unaufhörlich zunahm, ohne daß ich mir einen Rat oder ein Mittel wußte, da wir in Harar unter Negern wohnten und kein Arzt da war, so entschloß ich mich zur Abreise. Die Geschäfte mußten im Stich gelassen werden. Das war nicht ganz leicht, denn ich hatte an den verschiedensten Stellen Geld ausstehen; aber endlich bekam ich es einigermaßen herein. Schon seit drei Wochen lag ich in Harar, ohne mich bewegen zu können, ohne schlafen zu können, mit den furchtbarsten Schmerzen. Ich mietete sechzehn schwarze Träger, zu je 15 Thalaris, und wurde unter unsagbaren Leiden nach Zeilah geschafft, dreihundert Kilometer weit. Das Knie schwoll sichtbar an vor meinen Augen, und der Schmerz wuchs unaufhörlich mit.

Nach der Ankunft begab ich mich in das hiesige europäische Hospital. Es war nur ein einziges Zimmer für die zahlenden Kranken vorhanden, das habe ich. Als ich dem englischen Arzt mein Knie zeigte, erklärte er, es sei eine Synovitis, eine Kniegelenkentzündung, die durch Überanstrengung und mangelnde Pflege in gefährlichem Grade

*) Gegen »Krampfadern«, von Rimbaud erbeten.

fortgeschritten sei. Zuerst sprach er von Amputation des Beins. Dann wollte er noch einige Tage zusehen, ob die Schwellung durch seine Mittel zurückgehen würde. Das ist nun sechs Tage her, und keine Besserung! Nur der Schmerz ist in der jetzigen Ruhelage zurückgegangen. Die Synovitis ist eine Erkrankung im Zusammenhang mit dem Schleimwasser des Kniegelenks; sie kann vererbt oder erworben sein, es gibt da mancherlei Ursachen. Ich habe sie in Harar sicherlich durch die aufreibenden Reisen zu Fuß und zu Pferde bekommen. Selbst im günstigsten Falle kann ich nicht vor drei Monaten wieder gesund werden. Ich liege gestreckt im Bett, mit verbundenem, gewickeltem, nochmals umwickeltem, angekettetem Bein, so daß ich es nicht bewegen kann. Ich bin ein Gerippe geworden. Ich errege Furcht. Mein Rücken ist ganz wund geschunden vom Lager. Ich schlafe keine Minute. Und die Hitze ist schon äußerst stark. Die Ernährung im Hospital, für die ich viel zu zahlen habe, ist trotzdem sehr schlecht. Ich weiß nicht, was ich machen soll. Ich habe auch mit meinem Sozius, Herrn Tian, noch nicht endgültig abgerechnet, es läßt sich erst in acht Tagen erledigen. Aus diesem Unternehmen gehe ich mit etwa 35 000 Francs heraus. Es wäre noch mehr gewesen, hätte ich nicht durch die unglückselige Abreise mehrere tausend Francs eingebüßt.

Ich möchte mich zu einem Dampfer tragen lassen, um in Frankreich behandelt zu werden. Durch die Fahrt würde mir die Zeit vergehen; in Frankreich gibt es bessere Ärzte und Heilmittel, und die Luft ist gut. Wahrscheinlich komme ich! Leider sind die Schiffe überfüllt, weil in dieser Jahreszeit alles aus den Kolonien flieht. Und ich bin hilflos und schwach, vorsichtig zu transportieren! Also in acht Tagen entscheide ich mich.

Dennoch müßt Ihr über alldies nicht erschrecken. Bessere Tage werden kommen. Ein trauriger Lohn freilich für so viel mühevolle Arbeit und Entbehrung. Ach, ist unser Dasein jämmerlich!

Ich grüße Euch von Herzen.

Rimbaud

Die Strümpfe gegen Krampfadern sind nun überflüssig, ich verkaufe sie irgendwie.

Marseille, 23. Juni 1891

Meine liebe Schwester,

Du hast mir nicht geschrieben. Was ist geschehen? Dein Brief hatte mich erschreckt, ich würde gern wieder von Dir hören, wenn es nur nicht neue Aufregungen sind. Zuviel Prüfungen auf einmal!

Ich kann nichts tun als weinen, Tag und Nacht. Ich bin ein toter Mensch. Ich bin verkrüppelt für mein ganzes Leben. In vierzehn Tagen soll ich geheilt sein. Aber nur mit Krücken werde ich dann gehen können. Mit dem künstlichen Bein muß noch sehr lange gewartet werden, mindestens sechs Monate, wie der Arzt sagt. Was mache ich, wo bleibe ich in dieser Zeit? Wenn ich zu Euch käme, würde mich die Kälte in drei Monaten, oder schon früher, wieder vertreiben. Denn von hier kann ich mich erst in sechs Wochen fortbewegen, so lange brauche ich, um mich auf die Krücken einzuüben! Also wäre ich erst Ende Juli bei Euch, und Ende September müßte ich wieder wegfahren. Ja, ich weiß nicht, was ich tun soll. Diese Sorgen bringen mich zum Wahnsinn.

Unser Dasein ist doch Elend! Elend, ohne Ende. Wozu leben wir.

Schreibt mir. Meine besten Wünsche

Rimbaud,

Hôpital de la Conception,

Marseille

Marseille, 24. Juni 1891

Meine liebe Schwester,

welch neues Schrecknis berichtet Ihr mir? Was ist das wieder für eine Geschichte mit diesem Militärdienst? Als ich sechsundzwanzig Jahre alt wurde, sandte ich Euch aus Aden eine Bescheinigung des Inhalts, daß ich Angestellter bei einer französischen Firma sei. Dadurch wird man vom Dienst befreit. Auf meine Anfragen schrieb mir Mama stets, alles sei in Ordnung und ich hätte nichts zu fürchten. Noch vor kaum vier Monaten fragte ich Euch in einem Briefe, ob man in dieser Beziehung irgendwelche Ansprüche an mich stelle, da ich meine Rückkehr nach Frankreich erwog. Ich erhielt keine Antwort und glaubte alles durch Euch geregelt.

Jetzt benachrichtigt Ihr mich, ich sei notiert und werde verfolgt, wegen Nichtgestellung!

Geht der Sache bitte nur dann nach, wenn Ihr keine Aufmerksamkeit erregt. Gefährlich kann es für mich nicht werden, da ich in diesem Zustand zurückkehre. Oder etwa Gefängnis nach alldem, was ich soeben durchgemacht habe? Lieber den Tod!

Aber schon seit langem wäre der Tod besser gewesen. Was soll ein verstümmelter Mann auf der Welt? und einer, der sich auch noch aus seiner Heimat verbannen muß? Ich kehre ja angesichts dieser Verfolgung nicht zu Euch zurück, ich werde ja froh sein, wenn ich zu Wasser oder zu Lande entkomme und das Ausland erreiche.

Heute versuchte ich auf Krücken zu gehen; ich konnte nur ein paar Schritte machen. Das Bein ist mir sehr hoch abgeschnitten worden und ich halte mich nur mühsam im Gleichgewicht. Ich werde mich erst beruhigen, wenn ich ein künstliches Bein anlegen kann. Aber die Amputation verursacht Neuralgien im Rest des Gliedes, und bevor diese Schmerzen nicht aufhören, kann man das mechanische Bein nicht einfügen. Bei manchen Amputierten dauert es vier, sechs, acht, zwölf Monate! Jedenfalls nie weniger als zwei sagte man mir. Wenn es bei mir nur die zwei Monate dauerte, wäre ich froh. Dann bliebe ich während dieser Zeit im Hospital und hätte das Glück, es mit zwei Beinen zu verlassen! Müßte ich auf Krücken hinausgehen, es hätte garkeinen Sinn; denn damit kann man nicht hinauf oder hinab steigen. Es ist furchtbar, man kann jeden Augenblick hinfallen und sich noch mehr verkrüppeln.

Nun, ich werde mich mit meinem Lose abfinden. Ich werde sterben, wohin mich das Schicksal wirft. Meine Hoffnung bleibt, daß ich noch dorthin zurückkehren kann, wo ich war, wo ich seit zehn Jahren Freunde habe, die sich meiner annehmen werden. Ich finde bei ihnen sicherlich Arbeit. Ich werde dort eben, so gut ich kann, immer dort leben. In Frankreich hätte ich außer Euch weder Freunde noch Bekannte noch überhaupt einen Menschen. Also, wenn ich Euch nicht besuchen kann, kehre ich dorthin zurück, das muß ich auf jeden Fall tun.

Nochmals: wenn Ihr Euch über meine Militärangelegenheit erkundigt, dann gebt nicht an, wo ich bin. Ich fürchte sogar, daß man meine Adresse auf der Post erfährt. Verratet mich nicht.

Alles Gute. *Rimbaud*

Marseille, 10. Juli 1891

Meine liebe Schwester,

ich freue mich, daß die Lage sich endlich geklärt hat. Das betreffende Kontrollheft habe ich tatsächlich auf meinen Reisen verloren. Sobald ich mich genügend bewegen kann, werde ich hier oder anderswo um Urlaub einkommen. In Marseille brauche ich wohl den urschriftlichen Bescheid der Militärbehörde, er wird mir auf jeden Fall dienlich sein, schickt ihn mir, damit mir niemand etwas anhaben kann. Außerdem besitze ich die vom Leiter des Hospitals unterschriebene Bestätigung der Amputation. Den Ärzten selbst scheint es nicht gestattet zu sein, ihren Patienten solche Ausweise zu erteilen. Mit diesen beiden Papieren aber erhalte ich zweifellos Urlaub.

Ich bin immer auf, doch ich gehe kaum. Bisher habe ich nur gelernt mit Krücken zu gehen, aber ich schaffe keine einzige Stufe hinauf oder hinab. Man muß mich um den Leib fassen und mich hinauf oder hinab heben.

Nun ließ ich mir ein Holzbein anfertigen, es ist sehr leicht, lackiert, gepolstert, wirklich gut gemacht. (Preis 50 Francs.) Seit einigen Tagen habe ich es angelegt und versuche mich vorwärts zu schleppen, noch auf die Krücken gestützt. Aber dadurch hat sich der Stumpf entzündet, und ich lasse das verfluchte Instrument wieder weg. Vor zwei bis drei Wochen kann ich es nicht benutzen, auch dann im ersten Monat nur mit Hilfe der Krücken und nicht länger als eine oder zwei Stunden am Tage. Der einzige Vorteil ist, daß ich statt zweier Stützpunkte drei habe.

Ich beginne also wieder mit den Krücken. Diese Langeweile, diese Ermüdung, diese Traurigkeit! Wenn ich an all meine Reisen von ehemals denke, und wie tätig ich noch vor fünf Monaten war! Wo sind die Märsche quer durch die Berge, die gemeinsamen großen Ritte, die Spaziergänge, wo sind die Wüsten, die Flüsse und die Meere? Und jetzt dies Dasein eines Steißrutschers. Denn ich ahne, daß auch die Krücken und die Holzbeine und die mechanischen Glieder ein Haufen Bluff sind. Mit alldem kann man garnichts machen.

Und ich wollte gerade in diesem Sommer nach Frankreich zurückkehren, ich wollte mich verheiraten. Leb wohl, Ehe, leb wohl, Familie, leb wohl, Zukunft! Mein Dasein ist vorbei. Ich bin ein regungsloser Stummel.

... Das Schlimmste kommt daher, daß ich sehr hoch amputiert worden bin. Die jenseitigen Nervenschmerzen sind um so heftiger und hartnäckiger. Die über dem Knie Amputierten ertragen einen Apparat viel rascher. Aber kommt es jetzt darauf an, kommt es auf das Leben selbst an?

Hier ist es gegenwärtig kaum frischer als in Ägypten. Wir haben mittags 30 bis 35 Grad und noch in der Nacht 25 bis 30. Die Temperatur von Harar ist also angenehmer, zumal nachts, da sie dort niemals 15 Grad überschreitet.

Ich kann Euch noch nicht sagen, was ich tun werde, ich bin zu sehr herunter, um es selbst zu wissen. Es geht nicht gut, das muß ich wiederholen, ich fürchte irgendeine Verschlimmerung. Das Ende meines Beins ist viel dicker als das andere und angefüllt mit Neuralgien. Der Arzt besucht mich natürlich nicht mehr. Denn für den Arzt genügt es, daß die Wunde vernarbt ist, und schon verläßt er uns. Er sagt, man sei geheilt, er kümmert sich um uns nur noch, wenn sich etwa Abszesse oder sonstige Besonderheiten zeigen, die wieder etliche Messerschnitte erfordern. Diese Art Menschen betrachtet die Kranken (aber man weiß es ja) als Versuchsgegenstände, zumal in den Hospitälern, wo ihre Arbeit nicht bezahlt wird. Sie suchen diese Stellungen, um sich einen gewissen Ruf und eine Praxis zu verschaffen.

Nach Roche möchte ich, weil es dort frisch ist. Die Bodenverhältnisse allerdings werden meinen akrobatischen Übungen kaum günstig sein. Außerdem fürchte ich, die Frische könnte sich in Kälte verwandeln. Das schlimmste bleibt, daß ich mich auf lange hinaus nicht bewegen kann – und um die Wahrheit zu sagen, ich halte mich nicht für innerlich geheilt und bin auf irgendeinen Ausbruch gefaßt. Man muß mich ins Zugabteil tragen und wieder herausheben, alles macht Verdruß, Kosten, Mühe. Bis Ende Juli habe ich mein Zimmer bezahlt, ich werde nachdenken und entscheiden, was ich in der Zwischenzeit tun kann. Ich möchte ja auch lieber glauben, daß es besser wird, wie Ihr mich glauben macht. So stumpfsinnig das Leben eines Menschen sein mag, er knüpft immer wieder an.

Schickt mir das Schreiben der Behörde: Bei Tisch sitzt ein kranker Polizeiinspektor neben mir, der mich stets mit solchen Militärdienstgeschichten aufregt und mich gern hineinlegen würde. Entschuldigt die Bemühungen, ich danke Euch und wünsche Euch Glück und Gesundheit. Schreibt mir.

Euer

Rimbaud

Marseille, 15. Juli 1891

Meine liebe Isabelle,

Deinen Brief vom 13. kann ich sogleich beantworten. Ich sehe zu, welche Schritte ich wegen dieser Aufforderung der Militärverwaltung und wegen des Hospitalzeugnisses tun kann. Ich wüßte die Sache gern geregelt – aber ich selbst bin dazu unfähig – ach, ich kann ja kaum den Schuh über meinen einzigen Fuß ziehen. Ich werde dennoch alles aufklären, so gut es möglich ist. Die beiden Bescheinigungen schützen mich wenigstens vor dem Gefängnis. Sonst wäre die Militärbehörde durchaus imstande, einen Krüppel einzusperren, wäre es auch nur in einem Hospital. Vor wem und wo muß ich die Erklärung über meine Rückkehr nach Frankreich abgeben? Niemand aus meiner Umgebung kann mir Auskunft erteilen, und der Tag ist noch fern, da ich mit dem Holzbein in den Büros herumwandern und mir selbst Bescheid holen werde.

Tag und Nacht denke ich über irgendwelche Mittel nach, mich zu bewegen. Es ist eine Qual, ich möchte dies und das tun, hierhin und dorthin gehen, zuschauen, leben, wegfahren! Unmöglich, unmöglich mindestens auf lange Zeit, doch vielleicht für immer! Neben mir sehe ich stets nur diese verfluchten Krücken. Ohne die Stöcke kann ich keinen Schritt tun, kann ich überhaupt nicht bestehen. Ohne die grausigste Gymnastik kann ich mich nicht einmal anziehen. Zwar haben mich meine Krücken fast so weit gebracht, daß ich laufen kann. Aber Treppen hinauf- oder hinabzusteigen ist mir nach wie vor unmöglich, und bei unebenem Boden ermüdet mich unentrinnbar diese schiefe Stellung der einen Schulter gegen die andere. Rechts habe ich in Arm und Schulter die stärksten Nervenschmerzen, und die Krücke durchsägt mir die Achselhöhle. Nervenschmerzen habe ich auch im linken Bein, und dabei muß ich den ganzen Tag lang diese Akrobatik treiben, um noch den Eindruck eines Lebendigen zu machen.

Jetzt will ich Dir sagen, liebe Schwester, was ich letzten Endes für die Ursache meiner Erkrankung ansehe. Das Klima von Harar ist vom November bis März kalt. Ich zog aber gewöhnlich so gut wie garnichts an, eine einfache leinene Hose und ein baumwollenes Hemd: In dieser Kleidung Märsche von fünfzehn bis vierzig Kilometern am Tage und unsinnige Ritte durch das steile Gebirge des Landes. So haben sich im Knie wohl durch die Ermüdung und durch Hitze und Frost die gichtigen Schmerzen gebildet. Zuerst verspürte ich etwas wie einen Schlag mit einem Hammer, unter der Kniescheibe, einen leichten Schlag, der mich aber in jeder Minute einmal traf. Starke Ausdörrung des Gelenkes und Verkürzung der Schenkelsehne, wonach die Adern rings um das Knie anschwollen wie Krampfadern. Aber ich ging und arbeitete mehr als je, hielt es für eine einfache Erkältung. Da nahm der Schmerz im Innern des Knies zu. Es war bei jedem Schritt, als würde ein Nagel von der Seite her eingeschlagen. Und ich ging noch immer herum, mühsam allerdings; möglichst oft benutzte ich das Pferd, von dem ich jedesmal wie gelähmt herunterkam. Dann setzte sich die Schwellung nach oben fort, die Kniescheibe verdickte sich klebrig, auch die Kniekehle wurde davon ergriffen. Die Bewegung wurde mir noch schwerer, der Schmerz riß an den Nerven, bis zum Knöchel, bis zu den Hüften. Ich hinkte schon stark und fühlte mich immer schlechter. Notgedrungen arbeitete ich noch viel. Ich ließ das Bein einreiben und baden und von oben bis unten mit Binden umwickeln. Ohne Erfolg. Die Eßlust nahm rasch ab, eine hartnäckige Schlaflosigkeit begann, ich wurde mager und schwach. Um den 15. März beschloß ich mich hinzulegen, mindestens die horizontale Lage zu bevorzugen. Ein Bett wurde im Büro aufgestellt, zwischen meiner Kasse, meinen Handlungsbüchern und einem Fenster, durch das ich meine Wiegegeräte im Hintergrund des Hofes beobachten konnte. Ich nahm noch mehr Leute an, um die Arbeit vorwärtszubringen, und streckte mich dabei aus, wenigstens mit dem kranken Bein. Doch allmählich verwandelte sich das geschwollene Knie in eine Kugel. Ich sah, daß die innere Kante des oberen Schienbeins oben viel dicker war als am andern Schenkel. Die Kniescheibe wurde unbeweglich, durchtränkt von den Ausscheidungen der Entzündung, und diese Flüssigkeit wurde in wenigen Tagen hart wie Knochen. Zugleich wurde das ganze Bein steif, vollständig steif binnen acht Tagen. Ich konnte mich nur noch von einer Stelle zur andern schleppen. Das Bein selbst aber magerte ab, der Schenkel magerte von oben ab, während Knie und Kniekehle immer anschwollen und in Verknöcherung und Versteinerung übergingen, und die körperliche und seelische Schwäche nahm zu.

Ende März beschloß ich abzureisen. In wenigen Tagen löste ich alles mit Verlust auf. Da die Steifheit und der Schmerz das Reiten auf dem Maulesel und selbst auf dem Kamel unmöglich machten, ließ ich mir eine Tragbahre mit einem verdeckenden Vorhang herstellen, und die sechzehn Mann trugen sie in zwei Wochen nach Zeilah. Am zweiten Tage der Reise hatte ich mich zu weit von der Karawane entfernt und wurde an einem abgelegenen Orte vom Regen überrascht. Sechzehn Stunden lang verharrte ich ausgestreckt unter diesem Guß, ohne Schutz, ohne Möglichkeit, mich zu bewegen. Das war schlimm. Unterwegs konnte ich mich niemals von der Tragbahre erheben. Man errichtete das Zelt über mir, gleich an der Stelle, wo man mich niedersetzte. Ich höhlte mit den Händen ein Loch in den Sand neben der Tragbahre und drehte mich mühsam auf die Seite, um über diesem Loch, das ich danach mit Erde bedeckte, meine Notdurft zu verrichten. In der Frühe hob man das Zelt über meinem Kopfe ab und trug mich weiter. Zerbrochen, halbtot erreichte ich Zeilah. Dort ruhte ich nur vier Stunden, da ein Schiff nach Aden abging. Auf Deck (man hatte mich in der Bahre an Bord ziehen müssen) durchlitt ich in meinem Polster drei Tage Meerfahrt, ohne zu essen.

Ich wurde in Aden wieder mit der Bahre hinabgewunden. Einige Tage verbrachte ich bei Herrn Tian mit der Regelung unserer Geschäfte und kam dann ins Hospital, wo mir der englische Arzt nach vierzehn Tagen riet, mich schleunigst nach Europa zu verfügen.

Meine Überzeugung ist, daß der Schmerz im Gelenk bei richtiger Pflege von Anfang an sich leicht beruhigt und keine Folgen gehabt hätte. Aber ich war ganz ahnungslos, ja, ich selbst habe alles verdorben, weil ich mich auf übermäßiges Gehen und Arbeiten versteifte.

Warum lernt man nicht Medizin auf der Schule, mindestens so viel, daß man nicht solche Dummheiten macht?

Wenn mich jemand im selben Fall wie dem meinen um Rat fragte, würde ich ihm antworten: Steht es so – dann lassen Sie sich nicht amputieren! Lassen Sie sich zerhacken, zerfetzen, ganz in Stücke reißen, aber dulden Sie nicht, daß Sie nur amputiert werden. Wenn es Ihr Tod ist, wird es immer noch besser sein als dies Leben mit weniger Gliedern! So haben es viele gehalten, und stünde ich noch einmal davor, würde ich dabei bleiben! Lieber ein Jahr lang wie ein Verdammter dulden als amputiert sein!

Dies ist das schöne Ergebnis: Ich sitze, und von Zeit zu Zeit erhebe ich mich, und ich hüpfe hundert Schritt auf meinen Krücken, dann setze ich mich wieder. Meine Hände können nichts mehr halten. Beim Gehen kann ich den Kopf nicht von meinem einzigen Fuß und vom Ende der Krücken abwenden. Kopf und Schultern biegen sich nach vorn, ich wölbe mich wie ein Buckliger, ich zittere, wenn ich die Leute oder die Dinge ringsum sich bewegen sehe, in Angst, sie könnten mich umstoßen und mir auch die zweite Pfote brechen. Natürlich lachen sie bei meinem Gehüpf.

Wenn ich mich wieder niederlasse, zucken mir die Hände, die Achselhöhle ist wie zerschnitten, mein Gesicht ist das eines Blödsinnigen. Verzweiflung überfällt mich, und ich sitze da wie ein vollständiger Krüppel, greinend, auf die Nacht wartend, die mir ewige Schlaflosigkeit bringt, auf den Morgen wartend, der noch trauriger als der Abend werden muß, und so weiter. Fortsetzung in der nächsten Nummer.

Mit allen guten Wünschen.

Rimbaud

Marseille, 20. Juli 1891

Meine liebe Schwester,

ich schreibe dies unter dem Einfluß heftiger Schmerzen in der rechten Schulter. Wie Ihr sehen könnt, verhindert es mich beinahe zu schreiben. All das kommt von meiner durch schlechte Pflege vollständig gichtkrank gewordenen Verfassung. Ich habe genug vom Hospital, wo ich auch täglich dem Anblick der Pocken, des Typhus und der übrigen hier hausenden Pestkrankheiten ausgesetzt bin. Ich reise ab, denn der Arzt hat mir gesagt, ich könne abreisen, es sei günstiger, wenn ich nicht hierbliebe.

Also breche ich in zwei bis drei Tagen auf und versuche, mich bis zu Euch hinzuschleppen, so gut es mir möglich ist. Auf meinem Holzbein kann ich nicht gehen, selbst mit den Krücken darf ich augenblicklich nur ein paar Schritte machen, wenn der Zustand meiner Schulter sich nicht verschlimmern soll. Nach Euren Anweisungen werde ich bis zum Bahnhof von Voncq fahren. Wohnen möchte ich am liebsten recht hoch. Es ist also unnütz, mir noch hierher zu schreiben, ich bin bald unterwegs.

Auf Wiedersehen.

Rimbaud

Anmerkung zu dieser Ausgabe[7]

Das Werk Rimbauds läßt weder eine unfreie Anlehnung noch eine willkürliche Paraphrase zu. Es will auch in jeder anderen Sprache Original bleiben. Was kümmert es Rimbaud, daß die Erfüllung dieses Anspruchs bei den scharfen Wortbefehlen, den wunderbaren Verrücktheiten, den zugleich dunklen und brennend hellen Schönheiten seines Textes besonders schwierig ist? Er hat nicht deshalb gedichtet, um übertragen zu werden.

Aber man fühlt bei ihm von neuem, daß übertragen keine unwesentliche Angelegenheit ist, für den Geist vieler Menschen, für die Kunst zweier Völker, für die Arbeit der Welt. Dabei muß man allerdings nicht nur Liebe sondern auch Wahrheitsliebe betätigen. Man hat nach Möglichkeit darum zu kämpfen, nichts zu verschweigen oder hinzuzusetzen, sich nicht mit fremden – aber auch den andern nicht mit eigenen Federn zu schmücken.

Manchmal ist der Übersetzer ein Werktätiger, im zusammensetzenden Sinne dieses Wortes. Oder die beiden be-

7 Schlusskapitel von Alfred Wolfenstein aus der Originalausgabe.

teiligten Autoren stehen zueinander wie Komponist und Pianist; Nachdichten ist dann Vorspielen. Oder es gelingt, in der eigenen Sprache die des andern aufzufinden.

Ich mache hier den Versuch einer beiden Sprachen getreuen Übertragung.

Die Ausgabe enthält Rimbauds gesamte Prosa. (Verlorengegangen sind vor allem La Chasse spirituelle; Photographie des temps passés; Constitution révolutionnaire). – Die Gedichte wurden so ausgewählt, daß möglichst jede lebendige Seite seiner Lyrik vertreten ist. – Alle wichtigen Briefe sind aufgenommen.

Einige anzumerkende Einzelheiten: Die Pontons in der Schlußzeile des »Trunkenen Schiffs« sind Anspielungen auf die Kerkerschiffe für die Deportierten von 1871 (nach Delahaye). – Das mit den Worten »Cette Saison, la piscine« (»Der Weiher«) beginnende Prosastück, das man bisher als Prolog vor die »Saison in der Hölle« setzte, hat nach den letzten Feststellungen mit dieser nichts zu tun. – »Erleuchtungen«: »Illuminations« soll nicht nur das französische sondern zugleich das englische Wort sein, mit dem ursprünglichen Untertitel: coloured plates, farbige Stiche. – Die Briefe, deren Fälschungen unlängst von Marcel Coulon entdeckt wurden, stehen hier in der berichtigten Fassung. Fortgelassen wurden unwichtige Empfangsbestätigungen und Wiederholungen. – Auf dem Blatte mit den drei Zeichnungen ist die untere (Rimbaud und Verlaine in

London) von Félix Régamey.[8] – Ich danke an dieser Stelle M. Georges Izambard, dem Lehrer Rimbauds, für seine vom Krankenbett geleistete Hilfe.

Benutzte Quellen:

Œuvres. Édition par Paterne Berrichon, Préface par Paul Claudel. 1913. – Lettres, Égypte, Arabie, Éthiopie. Introduction par Paterne Berrichon. 1899. – Correspondance inédite. Introduction de Roger Gilbert-Lecomte. 1929. – Paterne Berrichon, La Vie de Jean-Arthur Rimbaud 1897. – Paterne Berrichon, Jean-Arthur Rimbaud, Le Poète. 1912. – Isabelle Rimbaud, Reliques. 1922. – Ernest Delahaye, Rimbaud, L'Artiste et l'Être moral. 1923. – Ernest Delahaye, Souvenirs familiers. 1925. – Marcel Coulon, Le Problème de Rimbaud, poète maudit. 1923. – Jean-Marie Carré, La Vie aventureuse de Jean-Arthur Rimbaud. 1926. – Jean-Marie Carré, Les deux Rimbaud, L'Ardennais et L'Éthiopien. 1928. – François Ruchon, Rimbaud, Sa vie, son œuvre, son influence. 1929. – Hefte des Mercure de France, der Nouvelle Revue Française, der Nouvelles Littéraires und Vers et Prose.

8 Von den hier durch Wolfenstein erwähnten Zeichnungen wurden zwei in die Neuausgabe übernommen: eine als Umschlagmotiv des Buches, die andere, die hier als »untere« genannte von Félix Régamey, auf Seite 36.

Bildnachweise[9]

Seite 5: Arthur Rimbaud im Alter von 17 Jahren, Foto von Étienne Carjat, 1872; https://commons.wikimedia.org/wiki/File:Rimbaud.PNG (CC BY 2.0)

Seite 25: Rimbaud-Zeichnung von Ernest Delahaye, in Charleville, 1871; La Revue blanche, 2. Hj. 1891, S. 173; https://commons.wikimedia.org/wiki/File:Rimbaud_by_Delahaye_1871.png

Seite 30: Ölgemälde »Un coin de table« von Henri Fantin-Latour, 1872; stehend (von links): Elzéar Bonnier, Emile Blémont, Jean Aicard; sitzend (von links): Paul Verlaine, Arthur Rimbaud, Léon Valade, Ernest d'Hervilly and Camille Pelletan; https://commons.wikimedia.org/wiki/File:Henri_Fantin-Latour_-_By_the_Table_-_Google_Art_Project.jpg

9 Die Abbildungen wurden für die vorliegende Neuausgabe ausgewählt und waren in diesem Umfang nicht bzw. nur in Teilen in der Erstausgabe von 1930 enthalten.

Seite 36: Verlaine und Rimbaud in London, Zeichnung von Félix Régamey, 1872; https://commons.wikimedia.org/wiki/File:Rimbaud_%26_Verlaine_by_F%C3%A9lix_R%C3%A9gamey.jpg

Seite 62: Rimbauds jüngste Schwester Isabelle, um 1900; https://commons.wikimedia.org/wiki/File:Isabelle_Rimbaud.png

Seite 74: Rimbauds handschriftliche Niederschrift des Gedichts »Les Voyelles«; https://commons.wikimedia.org/wiki/File:Rimbaud_manuscrit_Voyelles.jpg; Siren-Com (CC BY-SA 3.0)

Seite 101: Ausschnitt des Rimbaud'schen »Le Bateau ivre« auf der Mauer des Hôtel des Finances in der Rue Férou in Paris; Foto von Jeanne Menjoulet/Flickr; https://www.flickr.com/photos/jmenj/30597643742/in/photolist-23ehczK-NEkmAM-MQ5whk-NBNVtL/ (CC BY 2.0)

Seite 238: Signatur Rimbauds; https://commons.wikimedia.org/wiki/File:Arthur_Rimbaud_signature.svg

Seite 245: Brief Rimbauds an seinen Lehrer Georges Izambard, 2. November 1870; https://commons.wikimedia.org/wiki/File:Rimbaud_lettre_à_Izambard_1870.jpg; Siren-Com (CC BY-SA 3.0)

Weitere Bände der Edition

In Planung:
Gérard de Nerval: *Erzählungen I–III*
Edgar Allan Poe: *A. G. Pyms abenteuerliche Erlebnisse*
Paul Verlaine: *Gedichte*
Victor Hugo: *Der letzte Tag eines Verurteilten*

Bisher erschienen:

Emily Brontë
Umwitterte Höhen
Band 1 · 2018
528 Seiten · 20,– €
ISBN 978-3-96317-107-9

Alfred Wolfenstein (Hrsg.)
Hier schreibt Paris
Ein Sammelwerk mit Texten von André Gide, Jean Cocteau, Paul Valéry, Le Corbusier und anderen
Band 2 · 2018
294 Seiten · 24,– €
ISBN 978-3-96317-125-3

BÜCHNER-VERLAG
Wissenschaft und Kultur